改革开放40年
深圳建设成就巡礼
城市设计篇

主编 张一莉

中国建筑工业出版社

《改革开放 40 年深圳建设成就巡礼—城市设计篇》编委会

专家委员会顾问：何镜堂
专家委员会主任：孟建民
专家委员会：陈　雄　陈宜言　何　昉　林　毅　刘琼祥

编委会主任：孙　楠　艾志刚
副主任：陈邦贤　张一莉　赵嗣明

主编：张一莉

编委：黄晓东　王晓东　林　毅　杨为众　林彬海　李朝晖
　　　　唐志华　唐　谦　叶　枫　谢　芳　黄　河　刘　战
　　　　林建军　蔡　明　韦　真　于天赤　徐金荣　牟中辉
　　　　李志毅　千　茜　夏　媛　俞　伟

指导单位：深圳市科学技术协会
　　　　　　深圳福田区企业发展服务中心

主编单位：深圳市注册建筑师协会
特邀编审单位：华南理工大学建筑设计研究院
　　　　　　　　广东省建筑设计研究院

参编单位（按参编报名顺序）：

1. 深圳市建筑设计研究总院有限公司
2. 深圳华森建筑与工程设计顾问有限公司
3. 香港华艺设计顾问（深圳）有限公司
4. 筑博设计股份有限公司
5. 深圳市清华苑建筑与规划设计研究有限公司
6. 深圳市机械院建筑设计有限公司
7. 深圳市华阳国际工程设计股份有限公司
8. 深圳市市政设计研究院有限公司
9. 深圳市北林苑景观及建筑规划设计院有限公司
10. 悉地国际设计顾问（深圳）有限公司
11. 北建院建筑设计（深圳）有限公司
12. 中国建筑东北设计研究院有限公司深圳分公司
13. 深圳市欧博工程设计顾问有限公司
14. 深圳艺洲建筑工程设计有限公司
15. 深圳市东大国际工程设计有限公司
16. 建学建筑与工程设计所有限公司深圳分公司
17. 中外建工程设计与顾问有限公司深圳分公司
18. 深圳市华汇设计有限公司
19. 深圳大地创想建筑景观规划设计有限公司
20. 深圳媚道风景园林与城市规划设计院有限公司
21. 深圳和华国际工程与设计有限公司

书稿收集： 深圳注册建筑师协会秘书处 蔡峰

序 一

在时间的长河中,四十年极其之短,短到可以用白驹过隙来形容;但对于一段具体历史、一片具体地域、一个具体个人而言,四十年又是如此之长,长到可以感受到沧海桑田;它可以让一个呱呱坠地的婴儿成为最年富力强的壮年,让一个曾经的青年成为耄耋老者;可以让一块曾经贫瘠如洗的土地,在世事变幻中成为一片热土,继而成其为沃土,进而成就这片土地上的城市奇迹——深圳奇迹——这是深圳改革开放的四十年,也是让世界见证深圳的四十年!

设想一下,让一个在深圳刚刚建市时代的年轻人,彻底离开这里,然后,在四十年后的今天,他再度来到这里,他会怎样惊讶于这里已经换却的人间:那座小小的县城荡然无存,曾经的土路已然不见踪影;眼前鳞次栉比、高楼林立的城市面貌,纵横交错、密如蛛网的交通体系,芳草萋萋、绿树如茵的市内环境,再加上闪烁的霓虹、如织的人流,这一座宜居的花园之城、创新设计之都,哪一处可以寻觅当年的模样?

当然,这样的场景只是一个普通外来者对深圳这座城市的初步印象。而作为一个自1983年设计深圳科学馆以来就深耕于此的专业建筑师,又有哪些更加深入的感受呢?

——这里有最为齐全的建筑门类,无论公共建筑还是商业建筑,每一次都是引领风气之先,在深圳建成并迅速推广至全国;万科城市花园、坂田四季花城等住宅楼盘,在中国商品住宅起步阶段即成为全国住宅开发、设计的学习榜样;

——这里的高层和超高层建筑领潮流之先,从京基100到平安金融中心,"深圳高度"和"深圳速度"让人侧目,而今天的深圳质量也将让人们引以为傲;

……

无论用什么样的溢美之词来形容深圳改革开放四十年的成就都不过分。而《改革开放40年深圳建设成就巡礼系列丛书》努力的方向是:既内涵一个普通市民的城市感受,又容纳专业建筑师的观察和思考。丛书分建设成果篇、城市设计篇、杰出人物篇三卷,内容深入广泛,既有涉及全门类建筑的内容,也有对建筑师个人的具体呈现,它在记录深圳建筑历史、突出成就的同时,传递了深圳这座年轻的城市的内在脉动和生命活力,它在进行专业的建筑分类以便更为全面地收录相关建筑成就,在记录每一个建筑师为这座城市的美好未来而作出的不懈努力(当然,也包括他们为其他城市的建设而作出的努力）的同时，也让人们可以清晰地去辨认这个城市成长的每一步足迹，感受这座城市改革开放时代以来勃然而兴、沛然生长的律动。

客观上，《改革开放40年深圳建设成就巡礼系列丛书》也为观察和思考未来深圳的发展提供了资料和基础。当我们从这个角度去记录、去思考深圳建筑四十年的发展成就的时候，我们就拥有了更为广阔的、穿越时间和地域障碍的视野，同时也具备了更深刻的历史和文化之维。

一座城市的良性的可持续发展和整体发展，离不开对历史的传承与发扬，离不开对自己城市发展的独特地域性、文化性和时代性的持续思考与发掘。我个人的建筑设计思想是建筑必须具有整体观和可持续发展观。建筑必须是一个整体，没有一个整体就全乱了；可持续发展就是既满足现在的要求，又能够适应将来的发展。我也强调建筑创作要体现地域性、文化性和时代性：地域性就是指建筑要跟当地的环境、气候和当地的文化遗迹、自然方式等相融，文化性是说建筑不单要满足物质功能的要求，还要给人精神上的享受，即要精神内涵高品位的建筑；时代性是说建筑必须反映这个时代，反映这个时代的物质条件、精神和审美观，与这个时代的材料、技术相适应。这既是我的建筑思想，也是我的创作方法。

从这个角度来看改革开放以来深圳建筑四十年的飞速发展，不难发现，深圳的建筑设计已经融入了世界建筑的发展，吸收了当前最为先进的设计思想，但我们还面临着一个更为艰巨的任务，就是在新的时代，围绕经济特区、粤港澳大湾区、"一带一路"交通枢纽和全球科技产业创新中心等建设任务，保续自己的文化根基与生命力，锻造自身的文化自信和文化价值，进而召唤整个民族和国家的文化之魂。这是深圳未来建筑发展的宏伟历史使命，也是深圳建筑发展的真正机遇与希望！

何镜堂

中国工程院院士

序 二

　　一路风雨兼程，我国改革开放已经走过 40 年的历程。在党的领导下，深圳秉承改革不停顿、开放不止步的开拓精神，不断锐意革新、创新发展，从一个默默无闻的小渔村发展为高楼林立、绿色宜居、具有强大竞争力的国际化创新型大都市和花园之城。深圳的沧桑巨变，源自我国改革开放的伟大抉择，更是改革开放金色成就的精彩缩影和生动体现。

　　再回首，"春天的故事"可以追溯到 40 年前。波澜壮阔的改革开放潮起南粤大地，第一个经济特区——深圳，在这里创办。时光飞逝，今天的深圳已实现蜕变、涅槃而生。站在深圳看深圳，这是沧海桑田的巨变。站在全国看深圳，这是快速崛起的典范。站在世界看深圳，这是不可思议的传奇。

　　从追赶时代到引领时代，深圳发展的每一步，都凝聚了一代又一代特区建设者的心血和付出。在改革开放 40 年之际，在深圳市住房和建设局指导下，我们编撰了《改革开放 40 年深圳建设成就巡礼系列丛书》，记录城市建设者们的成就与功绩，希望通过建设成果巡礼的方式向默默奉献的建设者们致敬。深圳不会忘记你们——城市的栋梁！

　　编撰《改革开放 40 年深圳建设成就巡礼系列丛书》是一项开拓性的工作，既强调设计理论的提升与创新，又要记载历史、突出成就，其内容涉及范围广泛，既有公共建筑、商业综合体、居住区与住宅、医疗建筑、教育建筑、高科技园区、交通建筑、会展中心与口岸建筑、超高层建筑等，又有城市设计和城市更新、风景园林与海绵城市、公园绿地、市政工程、绿色建筑、装配式建筑、未来建筑和外地建筑等。

　　40 年，从国贸大厦到地王大厦，"深圳速度"不断自我超越；从京基 100 到平安金融中心，"深圳高度"屡屡自我刷新；从"中国电子第一街"华强北，到"世界级旅游度假区"华侨城，再到城市坐标轴深南大道，一张张深圳名片享誉全国。

　　不负新时代，勇担新使命，重整行装再出发。2018 年是贯彻党的"十九大"精神的开局之年，是改革开放 40 周年，是决胜全面建成小康社会、实施"十三五"规划承上启下的关键一年。深圳建筑设计行业是时代的先锋，肩负着城市建设的重任，始终要坚持世界眼光、国际标准、中国特色、高点定位，不断调整优化城市规划，设计和空间布局，统筹地上地下空间综合开发利用，加快重点片区建设，努力营造以人为本的城市公共空间，着力打造产城融合、城海交融、人文相映的现代化城市。创新规划管理体制机制，全面推进"多规合一"。制定高标准的市政基础设施、园林绿化、景观照明技术标准和设计导则，加强对城市天际线、城市色彩、建筑立面的规划管理，高起点规划建设前海、深圳湾、香蜜湖、大空港、大运新城等"城市新客厅"，不断提升城市的品位、品质和能级。

开启新征程，铸造改革开放再出发的新"深圳奇迹"。 在新时代中国特色社会主义伟大实践和同心共筑中国梦的伟大征程中，凸显"深圳力量"，打造"深圳标杆"，谱写"深圳华章"，作出"深圳贡献"。打造一流智慧城市，出台新型智慧城市建设总体规划和工作方案，努力实现"科技让城市更美好"；推进基础设施建设大提速，以建设枢纽城市为目标，加快打造国际航空枢纽、国家铁路枢纽、世界级集装箱航运枢纽和区域城际轨道交通枢纽；对标国际先进城市，注重运用法规制度标准管理城市，构建权责明晰、服务为先、管理规范、执法严明的城市管理体系，努力让城市更有序、更安全；高水平规划建设改革开放博物馆、国际交流中心等标志性设施，加快国际会展中心建设；细化城市管理的法规规章，修改和完善房建、物业、地下空间、垃圾处理等管理办法，力求城市管理各个领域都有法可依；着力打造安全城市，坚持以制度管安全、用技术防风险，完善应急预案，提高防灾减灾能力，牢牢守住安全底线；加强各类安全治理，建成房屋安全隐患排查整治和公共安全风险分级管理体系，强化重点风险源管控，坚决防范重特大事故；深入践行绿色发展理念，争创国家生态文明示范市，努力让城市回归自然、回归生态，率先打造人与自然和谐共生的美丽中国典范；实施绿化提质工程，提升园林绿化品质和公园服务功能，推进城市主干道和主要进出口景观创建；持续开展打造"世界著名花城"三年行动计划，加快创建国家森林城市，努力实现城市在花园中、花园在城市中。

深圳建设者们整装再出发，奋勇踏上光辉的新征程，创造出优异业绩，不负新时代赋予深圳的使命担当，不负党和人民重托！

孟建民
中国工程院院士

目 录

序一（何镜堂）

序二（孟建民）

第 1 章 城市设计与更新　/010
　　· 城市规划的远见——概述深圳规划 40 年（陈一新）　/012
　　· 城市设计和城市更新案例　/034

第 2 章 风景园林与海绵城市　/056
　　· 深圳风景园林与海绵城市 40 年总论（何昉）　/058
　　· 风景园林与海绵城市案例　/072

第 3 章 公园绿地　/084
　　· 深圳公园绿地 40 年总论（叶枫）　/086
　　· 公园绿地案例　/096

第 4 章 市政工程　/110
　　· 深圳市政建设 40 年总论（陈宜言）　/114
　　· 市政工程案例　/118

第 5 章 绿色建筑　/130
　　· 深圳绿色建筑总论（于天赤）　/132
　　· 绿色建筑案例　/136

第 6 章 装配式建筑　/164
　　· 深圳装配式建筑发展概述（龙玉峰）　/166
　　· 装配式建筑案例　/172

第 7 章 未来建筑　/192
　　· 未来建筑创新展望（千茜）　/194
　　· 未来建筑案例　/198

第 8 章 外地建筑项目　/202
　　· 外地建筑总论（陈雄）　/206
　　· 外地建筑项目案例　/210

编后记

第1章 城市设计与更新

城市规划的远见——概述深圳规划40年（陈一新） /012

1- 鸿荣源壹城中心 /034
2- 深圳心海城 /035
3- 福田区八卦岭城市更新 /036
4- 深圳前海中心区城市规划 /038
5- 金地工业区－沙嘴村城市更新 /040
6- 深圳华润城（大冲旧村改造） /042
7- 坪山六和城 /044
8- 福田区赛格日立工业区升级改造专项规划 /046
9- 清华苑办公大楼改造 /048
10- 深圳市中航苑总体规划调整及城市设计 /049
11- 福田区园岭街道荣生高新技术创业园更新单元规划 /049
12- 深圳湾超级城市国际竞赛优胜方案"汇谷林城" /050
13- 深圳国际低碳城城市解决方案竞赛作品 /051
14- 宝安区福永街道凤凰第三工业区更新项目 /052
15- 宝安区新安街道凸版印刷工业区城市更新单元 /053
16- 深圳国际会展中心及配套用地城市设计 /054

城市规划的远见
——概述深圳规划 40 年

·陈一新　深圳市规划和国土资源委员会副总规划师，博士

一、引言

今年是我国改革开放 40 周年，也是深圳城市规划建设 40 周年。1978 年深圳设市前就编制过比较简单的总体规划。1979 年 3 月，国务院批复同意广东省宝安县改设为深圳市。1980 年 8 月，《广东省经济特区条例》公布，深圳成为中国首个经济特区，成为经济体制改革的实验场和对外开放的窗口。"作为因改革而生、因改革而兴、因改革而强的经济特区，改革创新是深圳永恒的使命和追求"。40 年来，"在中央、省、市政府的坚强领导下，深圳特区始终牢记使命，敢闯敢试，勇于突破传统经济体制束缚，率先进行市场取向的经济体制改革，在我国从计划经济体制到社会主义市场经济体制的历史进程中发挥了重要作用"[1]。40 年来，在几代规划师的远见引领下，一批又一批移民怀揣梦想来深圳创新创业，共创经济产业繁荣，共筑宜居宜业城市。深圳城市一张又一张规划蓝图实现了，一个又一个城市组团建成了，几次产业转型获得成功，得益于改革开放和先行先试的特区政策，深圳开创了土地有偿使用的招拍挂出让制度，赢得了特区建设资金，从根本上改变了土地利用规划方法，变革了城市规划理念。超前规划、弹性规划、落地实施，并在规划实施过程中承上启下、不断补台、与时俱进等务实措施，使得城市规划在深圳建设中始终发挥着引领创新和调节市场的作用。总之，深圳当今建设成就，城市规划功不可没。

作为深圳开发建设的先行者，城市规划为特区社会经济文化的快速发展构建了一个弹性空间，使 1986 年特区总规 110 万人口规模至 2017 年原特区容纳常住人口 408 万人[2]；深圳 GDP 从 1979 年的 1.96 亿人民币增长到 2017 年的 2.24 万亿人民币；特区呈现经济发展迅速，社会环境全面提升、稳步发展的态势，深圳城市性质从原规划"以外向型工业为主的综合经济特区"至如今初步建成全国经济中心城市。深圳创造了世界工业化、现代化、城市化发展史上的奇迹。正如邓小平同志 1984 年的题字："深圳的发展和经验证明，我们建立经济特区的政策是正确的。"

---

[1] 许勤.《深圳改革创新丛书》总序 2014 年度，深圳：海天出版社，2015.P3.
[2] 根据《2017 深圳统计年鉴》原特区常住人口 408 万人。

笔者在执笔本文时，首先遇到规划阶段的划分问题，其次要分析不同规划阶段的社会经济背景，并简述不同阶段城市规划改革创新的主要内容及特点，最后概要规划实施成效。此文题目之大，洋洋洒洒万字也难概括深圳城市规划40年的改革创新实践及成效。希望本文能起抛砖引玉之用。

二、深圳城市规划三阶段及其实施

深圳建市40年来，城市规划已经形成了弹性规划、滚动修编、注重实施的特征，特别是三版总体规划（以下简称：总规）引领深圳跨越"三个台阶"，较好地适应了城市快速发展的需要。

深圳城市规划如何划分阶段，关键看视角。鉴于深圳三版总规与城市化进程及产业经济转型这三个视角的阶段划分年代比较接近，故这里将深圳城市规划40年划分为三个阶段，并以三版总规为概述主线。这三版总规依次为：1986年《深圳经济特区总体规划》（以下简称：《总规（1986）》）；1996年《深圳市城市总体规划（1996-2010）》（以下简称：《总规（1996）》）；2010年《深圳市城市总体规划（2010-2010）》（以下简称：《总规（2010）》）。

1. 第一阶段1979～1991年，《总规（1986）》引领特区开发，确定城市多中心组团结构

1979～1991年是深圳城市化初期，深圳产业第一次转型，由农业向工业化转型，经济快速发展，社会发生巨变。1979年1月，广东省委决定，为加强对宝安地区生产建设的领导，建立出口基地，发展对外贸易，将宝安县改为深圳市。同年3月，国务院批复同意广东省宝安县改设为深圳市，以宝安县的行政区域为深圳市行政区域[①]。1980年8月深圳经济特区成立，前来深圳投资的港商特别多，"深圳经济发展迅速，尤其是加工工业迅速增多，1981年出现成片开发的大好形势，外来的暂住人口大量涌入，故1981年又把人口发展规模调整为100万人，开发土地98km²。然而，按照国内城市规划编制规定，城市人口达到100万人，城市就升格为特大城市。因此，1982年又把2000年特区城市人口降为80万人，开发用地调整为110km²"[②]。由于20世纪80年代初深圳发展变化快，总规难以把握城市规模，所以，1982年之前深圳共进行了五次简单总规，作为《总规（1986）》的准备前奏。

---

① 陶一桃主编.深圳经济特区年谱（1978～2015.3修订版.北京：中国经济出版社，2015. P6~8.
② 深圳市规划和国土资源委员会编著.深圳改革开放十五年的城市规划实践（1980～1995年）.深圳：海天出版社，2010. P11

1）1982年之前深圳五次简单总规

（1）第一、第二次简单总规

"在深圳设市前后的1978年、1979年曾先后两次编制过比较简单的城市总体规划。第一次是1978年总规，规划到2000年发展为10.6km² 建成区，人口10万人的小城市。第二次是1979年，深圳市成立后，由广东省建委带队编制《深圳市总体规划》，规划到2000年建成区为35km²，30万人口的中等城市。这两次规划范围都在广九铁路以东，主要是老城区周围、铁路两侧，以及在这一片以外的地区——在上步、红岭主要发展来料加工业，居民生活区规划在红围①、木头龙②等地。"③

（2）第三次简单总规

1980年5月广东省建委组织的深圳市城市规划工作组共九十余人到深圳现场绘制经济特区建设的蓝图。同年6月《深圳市经济特区城市发展纲要（讨论稿）》规划城市性质"以工业为主的、工农结合的经济特区，建设成为新的边境城市"。估计特区人口规模近期（1980~1985年）为30万人，远期（1990年或更长一些时间）为60万人。城市规划用地从"城市现状建成区面积3.04km²，规划从旧城区向西发展，成为一带形城市，其中可分为罗湖区、上步区、皇岗区，总规划面积为49km²"。

（3）第四次简单总规

"根据1980年8月26日，五届人大常委会第15次会议批准的《广东省经济特区条例》规定的精神，深圳经济特区总体规划已于1981年5月基本完成。当时全特区人口规模按1990年30万人，远期50万人考虑。"④ 鉴于1981年6月以后具体政策进一步明确和落实，外商来深圳投资的项目逐渐增多，其中突出的是港商大财团愿意承包大面积成片（从几平方公里到几十平方公里）开发项目。由于这些变化，原规划的大部分内容已经不能适应新的发展要求。因此对原规划进行了必要的修改和补充。第四次简单总规，人口规模按100万人以内控制，1990年为第一阶段，人口达40万，规划范围包括蛇口工业区、沙河华侨工业区、后海联城新区、福田新市、旧城、罗湖区及盐田、沙头角、大小梅沙，总面积327.5km²。《深圳经济特区总体规划说明书（讨论稿）》记载：深圳特区可供规划和城市建设用地总共约98km²，规划考虑到1990年人口规模达到40万人，2000年达到100万人口。"根据特区为一狭长地形的特点，总体规划采取组团式布置的带形城市。将全特区分成七到八个组团，每个组团居住

---

① 注：根据廖虹雷回忆，红围位于蔡屋围东北侧，今红桂路与桂木园社区之间。
② 注：根据廖虹雷回忆，木头龙位于市人民医院对面，即翠竹南路与爱国路之间。
③ 深圳市规划和国土资源委员会编著. 深圳改革开放十五年的城市规划实践（1980~1995年）. 深圳：海天出版社，2010.P5.
④ 深圳经济特区总规划说明书（讨论稿）P2, 深圳市规划局1981年11月20日.

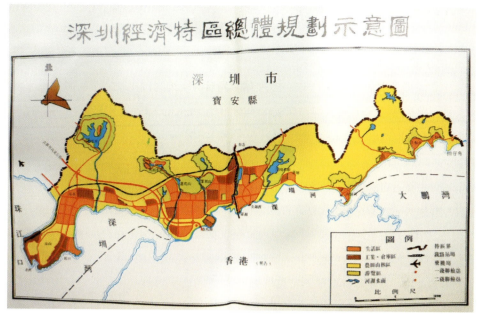

1982年深圳总规简图

6～15万人不等，组团与组团之间按地形用绿化带隔离，每个组团本身各有一套完整的工业、商住及行政文教设施。工作地点和居住地点就地平衡，全特区的市中心在福田市区，各组团间有方便的公交连接。这样布局既可减少城市交通压力，又有利于特区集中开发。"[①]

（4）第五次简单总规

为了使深圳特区建设沿着正确的方向发展，"面对改革开放不断变化的新形势，深圳再次组织各方面专家对城市基础、自然资源、经济结构、社会发展、环境影响、人口规模等进行现状调查，并对经济和人口发展作出预测，于1982年3月完成了《深圳经济特区社会经济发展规划大纲》"[②]，其指导思想是：A.一切都要立足于现代化，包括城市建设、工业、农业、商业、交通、文教、科技、体育等，都要按照现代化要求来搞引进和建设；B.特区建设要保持较高速度，要有较高的生产力，最好的经济效益；C.特区企业所生产的产品有很强的竞争力，大部分产品要进入国际市场；D.特区的经济发展和城市建设、文教等事业的建设，要保持平衡，要协调发展。这个指导思想十分高瞻远瞩，引领了特区建设的高起点。此外，该大纲再次明确了特区总体布局采用带形的组团式分散布置，规划至2000年特区人口100万人。[③] 1982年末深圳

---

① 深圳经济特区总体规划说明书（讨论稿）P7，深圳市规划局1981年11月20日。
② 深圳市规划和国土资源委员会编著.深圳改革开放十五年的城市规划实践（1980～1995年）.深圳：海天出版社，2010.P12.
③ 深圳经济特区社会经济发展规划大纲（讨论稿），1982年3月20日。

市政府正式制定了《深圳经济特区社会经济发展规划大纲》。并据此调整了特区总规布局，1982年《深圳经济特区总体规划简图》说明显示，整个特区为狭长带形（东西长约49km，南北宽平均约7km），城市规划结构为多中心组团式的带形城市。按地理位置及环境条件，可以分为东、中、西三片十八个区。[1]

2)《总规（1986）》之特点

1984年10月，深圳市政府委托中国城市规划设计研究院（以下简称：中规院）来深圳进行深圳特区总体规划设计的咨询工作，并协助完成《总规（1986）》编制任务。[2] 1984年11月开始，在深圳市政府直接领导下，深圳市规划局、中规院以1982年末《深圳经济特区社会经济发展规划大纲》为基础着手编制《总规（1986）》。1986年3月《总规（1986）》定稿印刷。

《总规（1986）》充分利用深圳优越的地理条件，放眼21世纪，采取适应特区特点的现代化标准，保持弹性规划并留有适当余地、确定带状多中心组团结构、预留福田中心区、超前布局市政交通设施、重视综合平衡。《总规（1986）》的具体特点如下：

（1）大胆预测深圳城市超常规发展的可能性，将深圳特区按照110万人口的特大城市规模进行规划，并对未来15年特区城市发展建设作出了全面安排。规划至2000年特区常住人口80万人，暂住人口30万，城市总人口规模按110万人计算。城市建设用地规模123km^2，超前安排了用地和基础设施。市政和交通分别按150万人和200万人口规模预留空间容量。

（2）明确城市性质为发展外向型工业、工贸并举，兼营旅游、房地产等事业，建设以工业为重点的综合性经济特区。

（3）弹性规划，采用带状多中心组团结构，从东到西规划了东部、罗湖上步、福田、沙河、南头等五个组团。每个组团内部形成大体配套、相对完善的综合功能，适当安排组团之间的相互分工，既分隔又联系；组团之间以天然河川、绿地、菜田、果园等形成几条南北向的分隔绿带，各组团内的居住区都能就近获得新鲜空气流，接近自然，保护生态平衡。

（4）提出将福田规划为新的城市中心区，并将土地进行提前预留和控制。

（5）超前布局了机场、港口等重大基础设施和城市道路交通网络，奠定了深圳特区空间发展的基本框架。前瞻性地将深圳机场选址在宝安县黄田临海一带，按一级国际机场、两条跑道布局。港口安排在东部盐田，拉开城市发展的骨架。

---

[1] 深圳市城市规划局. 深圳经济特区总体规划简图. 1982年10月.
[2] 陈一新. 规划探索——深圳市中心区城市规划实施历程（1980～2010年）. 深圳: 海天出版社, 2015. P39.

1986年深圳总规图

"深圳的城市规划，从第一稿起就凝聚了深圳市、广东省和国内其他省市城市规划工作者的共同努力，是典型的集体创作和累积的成果。为深圳城市规划辛勤工作的规划、设计和管理工作者，起到了根据实际情况综合部署城市发展，保证各项建设合理安排的积极作用。"[1] 超前规划引领了特区在城市化初期的稳步开发建设。

3）规划实施概况

《总规（1986）》超前规划、务实规划，为深圳经济特区的开发建设奠定了弹性空间构架基础，正确引领特区朝着特大城市方向迈进。

（1）深圳特区成立后，经济社会发展迅速，"1980～1985年间，国内生产总值年均增长达60%，国民收入年均增长率超过60%，人口年均增长18%"[2]。经济发展带动了国内大量移民，人口数量飙升，至2000年末特区常住人口已达205万人，相当于规划人口的两倍。以《总规（1986）》的组团结构为指导，原特区在20世纪80年代迅速建成了十几个小型工业区，开展了传统轻工业生产，由此奠定了深圳特区起步阶段的产业基础。"1986～1990年，五年内特区累计投资建设资金164亿元，开发新城区61km²，建成功能齐全、各有侧重的工业区8个，居住区50个，各类房屋竣工面积达235万㎡，交通、供电、能源、供水等市政设施初具规模，口岸通过能力大大增强，并逐步配套，初步建成了一个现代化城市。"[3]

---

[1] 周干峙.在努力攀登先进水平的城市规划道路上前进——深圳特区城市规划十年回顾.深圳市城市规划委员会，深圳市建设局主编.深圳城市规划——纪念深圳经济特区成立十周年特辑.深圳：海天出版社，1990.P3.

[2] 深圳市规划和国土资源委员会编著.深圳改革开放十五年的城市规划实践（1980～1995年）.深圳：海天出版社，2010. P27.

[3] 深圳市规划和国土资源委员会编著.深圳改革开放十五年的城市规划实践（1980～1995年）.深圳：海天出版社，2010. P32.

（2）《总规（1986）》之所以能实施，关键在于土地使用制度改革和1992年之前成功统征了原特区内集体用地。1980~1987年深圳土地使用制度的改革，从收取土地使用费（年租金）到建立土地使用权出让的招拍挂制度。这项工作的成功对深圳特区城市建设和产业形成有着十分深远的意义。"20世纪80年代初期，深圳城建资金是以贷款为主；80年代后期以后，土地收入也是城市建设资金的一个主要渠道。政府以地生财、建设城市的思想是很明确的，城建资金中有相当一部分来源于土地出让的收入。"[1]深圳因毗邻香港，成为香港投资的"近水楼台"，80年代港资大量投入，有力促进了《总规（1986）》的实施。"整个20世纪80年代中国外资流入的来源就是香港，来自香港的投资彻底打乱了战后发达国家的产业全球布局，使中国成为世界上唯一一个没有发达国家大规模投资，却获得经济高速成长的地区"。[2]

（3）《总规（1986）》的实施奠定了深圳原特区带状多中心组团结构的空间框架，适应了城市起步时期的发展要求。罗湖早期的开发，深圳几乎集20世纪80年代所有资金财力重点打造罗湖商业中心，建成了特区第一个组团。罗湖在90年代初已形成

罗湖中心区1990年（资料来源：深圳市城市规划委员会，深圳市建设局主编．深圳城市规划．深圳：海天出版社，1990.8.）

[1] 深圳市规划和国土资源委员会编著．深圳改革开放十五年的城市规划实践（1980~1995年）．深圳：海天出版社，2010. P22.
[2] 深圳2030城市发展策略，中规院 2005.

深圳福田中心区 1999 年

初具规模的新兴城市景象。罗湖的成功建设，向全国人民证明了深圳特区的规划水平和建设速度，吸引了更多人才移民深圳。90 年代初，在罗湖商务用地基本建满后，逐渐向上步工业区（华强北）溢出建设。多中心组团结构的弹性构架为深圳特区后续稳定快速经济发展预留了空间。

（4）城市经济和人口迅速增长要求城市建设必须提供各种基础设施和公共设施。例如，深圳水厂、变电站、长途网通信机楼等都按《总规（1986）》建设，特区初创阶段确立了市政系统的基本框架。

（5）20 世纪 80 年代与《总规（1986）》同时并行的片区详规有[①]华侨城总体规划、沙头角分区规划、福田分区规划、科技工业园总体规划、八卦岭工业区规划、赛格高科技工业区规划、福田保税工业区规划、滨河居住区规划、园岭居住区规划、白沙岭居住区规划、华侨城东组团规划、罗湖旧城改造规划、深圳大学校园规划、银湖旅游中心规划、西丽湖度假村规划、盐田港规划、赤湾港规划、深圳国际机场规划设计、深圳火车站广场规划、皇岗口岸总平面规划、深圳经济特区水源供水规划、深圳市邮电通信发展规划、深圳市电力规划、福田分区机动车——自行车分道系统规划、福田中心区规划等。

（6）1990 年 6 月，广东省人民政府批复原则同意《深圳经济特区总体规划》，即《总规（1986）》。

2. 第二阶段 1992～2003 年，《总规（1996）》全市拓展，经济产业转型成功

1)《总规（1996）》编制背景

1992～2003 年是深圳快速城市化时期，深圳产业从传统制造业向高新技术产业

---

① 参见：深圳市城市规划委员会，深圳市建设局主编．深圳城市规划——纪念深圳经济特区成立十周年特辑．深圳：海天出版社，1990.P8.

深圳总规 1996

转型,也是深圳产业第二次转型。深圳城市迅速扩展,经济迅速增长。国家进一步确立改革开放、建立社会主义市场经济体制的战略目标,深圳确立了建设区域经济中心城市、花园城市和现代化国际性城市的奋斗目标,并继续承担着促进香港繁荣稳定的历史使命。

(1)1992年,全国人大授予深圳经济特区地方立法权。1992年12月经国务院批准,撤销宝安县建制,设立宝安和龙岗两个市辖区。

(2)1993年末深圳全市常住人口达336万,全市GDP达453亿元人民币。1993年因深圳连续遭受特大暴雨袭击,又遇清水河危险品仓库火灾并导致连续爆炸,造成生命财产严重损失。城市安全问题引发关注,以规划为指导,加强建设了一批骨干性市政设施。广大市民期望政府能整治各种城市问题,高效集约利用土地,提供完善的基础设施和公共服务设施,创造宜居的城市环境。1993年6月开始编制深圳《总规(1996)》。

(3)1995年末深圳全市常住人口达449万,全市GDP达842亿元,深圳社会经济迅速发展,显示深圳特区一次创业成功。1996年起深圳特区开始二次创业,加快建设福田中心区。《总规(1996)》编制历时近四年,于1996年完成定稿。

(4)1997年香港回归,但1998年亚洲金融风暴,深圳城市基本建设降温,房地产业低迷。

(5)20世纪90年代中期,以盐田港规划建设为标志的深圳港口物流业进入发展新阶段。1999年深圳取得中国国际高新技术产业成果(深圳)交易会的主办权,高新技术产业开始了新的飞跃。高新技术和物流业成为90年代深圳培育的两大支柱产业。

(6)2001年,中国加入WTO后,急需建立一个既符合WTO规则,又能促进内地与港澳交流的自由贸易区。2003年签订《内地与香港关于建立更紧密经贸关系的安排》(简称CEPA),标志着内地与香港经贸交流与合作迈入新阶段。

（7）2003年国家提出科学发展观，深圳规划开始制定"基本生态控制线"。2005年深圳市政府正式公布《深圳市基本生态控制线管理规定》，此举比全国划定生态红线提前了十年，较好地控制了城市建设的范围，保护了生态环境。

2）《总规（1996）》之特点

《总规（1996）》将城市规划区拓展到全市域，城市结构从原特区带状多中心组团拓展到网状多中心组团结构，适应了深圳高速增长阶段城市空间拓展的需求。《总规（1996）》的具体特点如下：

（1）首次将深圳城市规划区范围扩大到全市域行政辖区范围，适应了高速增长阶段城市空间拓展需求，对跨世纪全市域的土地空间进行统筹安排。

（2）确定城市性质为我国经济特区，华南地区重要的经济中心城市。

（3）规划至2010年人口规模430万人（2010年实际人口达到1035万，超出规划指标两倍），城市建设用地规模480km²（2009年城市建设用地实际规模为801km²，远远超出规划指标）。

（4）确立了深圳发展的六大主要职能：具有全国意义的综合性经济特区、区域综合交通枢纽、以集装箱运输为主的港口城市、与香港功能互补的区域中心城市、以高新技术为先导的区域制造业生产基地、一个具有亚热带滨海特殊的现代历史文化名城。

（5）确立了以特区为中心，以东、中、西三条放射发展轴为基本骨架，轴带结合、梯度推进的全市组团结构。

3）规划实施概况

《总规（1996）》于2000年1月获国务院正式批复同意，成为深圳市首个国务院批准的总规。《总规（1996）》实施后，深圳经济社会持续快速发展，综合实力明显增强，取得了令人瞩目的成就。

（1）1996年是深圳产业第二次转型的关键时期，在《总规（1996）》定位目标下，"深圳把握住国际上IT产业、信息技术产业的发展趋势，发展以电子信息为主体的高新技术制造产业，产业结构得到提升，经济迅速发展。1996年深圳GDP首次超过1000亿元人民币。"[①] 至2003年深圳GDP达3585亿元人民币，经济形势喜人，《总规（1996）》实施成效显著。

---

① 陈一新. 深圳福田中心区（CBD）城市规划建设三十年历史研究（1980~2010）. 南京：东南大学出版社，2015.P18.

（2）《总规（1996）》的缺憾主要在于规划实施[①]上，到 2001 年检讨其实施成效时发现：城市人口规模和用地规模大大突破规划预期，使得管理审批下层次规划以及确定重大基础设施布局时面临尴尬局面。究其原因是由于大量劳动密集型产业对低端劳动力的巨大需求吸引暂住人口的大量涌入，导致了人口急剧膨胀和城市建设用地的迅速扩展。深层次的根源在于原特区外的经济发展机制没有发生根本性改变。一村一镇为单位的以土地开发和出让为主的资源利用型发展模式，对土地的过分依赖直接导致原特区外经济发展呈粗放型特征。

（3）《总规（1996）》在内容上仍偏重于空间形态的构建及重大设施的布局，较少体现公共政策的属性。在市场投资主体多元化的背景下，传统规划内容已难以保障规划对社会经济发展的主导作用，也难以真正统筹各专项规划及城市政策。

（4）"1980～2003 年，深圳年均 GDP 增长率为 28.8%，而同期珠三角为 21.8%，广东省和全国分别为 13.4% 和 9.6%，深圳增速远远领先其他地区。"[②]深圳经济一直呈现高速增长态势，是《总规（1986）》和《总规（1996）》规划成功实施的动力。

3. 第三阶段 2004——2018 年，特区扩容转型，《总规（2010）》成效显著

1)《总规（2010）》编制背景

2004～2018 年是深圳全面城市化时期，深圳产业由大规模自动化向信息化转型，并向自主创新生产方式过渡，这也是深圳第三次产业转型。面对土地资源紧缺挑战，深圳市以"和谐深圳、效应深圳"为发展目标，全面落实科学发展观，率先转变发展模式，实现了城市的全面转型和可持续发展。

（1）进入 21 世纪，深圳高速发展的巨大需求与资源紧缺的矛盾日益突出，成为我国第一个遭遇空间资源硬约束的特大城市。2004 年深圳提出人口、土地、能源、环境等"四个难以为继"，尤其是土地空间资源紧缺，是深圳房价从缓升进入速涨拐点的原因。深圳市土地总面积 1997km^2，其中可建设用地 976km^2。2005 年深圳已建设用地 703km^2，占可建设用地 72%，土地成为城市发展刚性约束条件，促使深圳从投资推动转向创新推动，产业进一步升级转型，特别是金融产业创新成效显著。

---

① 深圳市规划和国土资源委员会. 转型规划引领城市转型——深圳市城市总体规划（2010～2020）[M]. 北京: 中国建筑工业出版社, 2011.P13.
② 深圳 2030 城市发展策略, 中规院 2005.

（2）深圳在土地资源和生态保护双约束下，2005年以市政府令的形式在全国率先颁布了《深圳市基本生态控制线管理规定》，开创了生态空间保护的先河。

（3）2006年10月，经原国家建设部同意，深圳市政府启动了《总规（2010）》的编制工作，应对"四个难以为继"，率先探索了严控增量、优化存量的非扩张型城市发展路径。经过两年多努力完成了送审稿，于2008年8月由广东省政府上报国务院。2009年10月，深圳市政府正式颁布《深圳市城市更新办法》，标志着深圳正式进入城市更新时代。

（4）2010年开始酝酿全市新一轮土地制度改革，2012年国土资源部、广东省政府联合批复《深圳市土地管理制度改革总体方案》。2012年深圳市城市用地建设中存量用地首次超过了新增用地，之后深圳每年都以存量用地为主，成为规划建设的一个转折点。此外，该阶段深港共同开展河套地区规划，为深港基础设施建设和空间合作开发积累了合作经验。

（5）2005年以后原特区外集体土地征转未能成功，大量违章建筑不断"生长"，历史遗留问题增多，造成深圳继续前行的重大难题。2015年出台查违"1+2"系列文件，实施史上最严厉的考核问责制度，查人与查事相结合，这年基本实现违建零增长。

（6）2015年深圳二线关口全面拆除，全面推进了特区一体化发展。2016年又进一步增设坪山、龙华行政区，2018年又增设光明行政区，缩小了行政区规模，建立了与管理服务人口规模相匹配的行政管理体制，有利于公共资源合理配置。

深圳总规 2010—2020

2) 《总规(2010)》之特点

《总规(2010)》促进深圳转型规划上新台阶,首次提出城市双核心,把未来前海中心与已经形成的罗湖福田中心并列,提出存量发展模式,实行公共政策引导。《总规(2010)》的具体特点如下:

(1) 确定城市性质为我国的经济特区,全国经济中心城市和国际化城市。

(2) 城市规模:到2020年,城市常住人口控制在1100万人,城市建设用地控制在890km² 内。

(3) 规划制定了城市发展四大策略:区域协作、经济转型、社会和谐、生态保护四方面发展目标。强调区域在交通、市政等方面的协作,推进深莞惠一体化进程。

(4) 规划提出以中心城区为核心,完善城市功能,形成"三轴两带多中心"的轴带组团结构。中心体系为2个市级中心、5个城市副中心、8个组团中心。规划了龙华新城、光明新城、坪山新城、大运新城等四大新城,初步形成深圳多中心的城市格局。

(5) 科学引导城市空间布局,加强城中村和城乡结合部的改造和整治,打破特区内外二元化结构,实行城乡统一规划管理。规划提出非扩张型的建设用地利用模式,在规划新增建设用地规模的同时,还确定了规划期城市更新用地改造的规模。

(6) 完善城市基础设施体系,规划在铁路、机场、港口、高速公路、城际轨道网络等重要交通设施的定位、布局及建设时序等方面都与国家和区域规划充分衔接。坚持公交优先原则,减少能源消耗。

(7) 加强对沿海发展带的规划和引导,严格控制围海造地,提出海洋岸线保护与利用的目标,提升海洋岸线的经济、生态、人文资源价值,促进岸线的公平和持续利用。

(8) 将前海的规划定位从港口物流转变为新的市级中心,构筑罗湖福田和前海城市双中心格局。

3) 规划实施概况

2010年8月深圳特区成立三十周年,国务院批复了深圳《总规(2010)》,成为指导深圳城市发展的纲领性文件。同年,深圳特区扩容,全市域范围都为特区。《总规(2010)》提出了深圳城市转型的重大战略,对转型期深圳城市发展发挥了调控作用,并为国家经济社会的全面转型和科学发展先行探路。

(1)《总规(2010)》制定的区域协作、经济转型、社会和谐、生态保护四个分目标和城市发展的31个目标指标(其中19个刚性指标,12个引导性弹性指标),作为量化规划实施效果的评价依据。至2015年现状情况看,已经有10项指标提前达到或超过 2020 年规划指标（包括万元 GDP 用水量、人均建设用地面积、绿化覆盖率、污水垃圾处理率、九年义务教育学位供给量、高等教育机构在校人数等）；14 项指标按照规划目标的方向有序推进中[①]。总体情况良好。

（2）城市规模，2017 年深圳市常住人口规模 1252 万人，按照市"十三五"规划预测，到 2020 年深圳常住人口规模将达到 1480 万人，将大大超过《总规（2010）》设定的 1100 万人的控制指标。2017 年深圳市城市建设用地约 996km^2，已经大大超出《总规（2010）》设定的 2020 年全市城市建设用地规模控制在 890km^2 的目标。

（3）深圳经济转型成效显著，产业结构持续优化，经济保持快速增长。2017 年全市 GDP 达 2.24 万亿元，全国第三。深圳以其发展速度、发展质量和发展前景成为中国经济增长的亮点。创新成为深圳发展的新动力，至 2017 年深圳 PCT 国际专利申请量突破 2 万件，连续 14 年居全国大中城市第一名；深圳国内专利申请量居全国大中城市第二名。说明深圳创新能力迅速上升，几次城市化转型成功。

（4）城市空间结构日趋完善，《总规（2010）》提出的城市双中心格局正在形成。2010 年 8 月，国务院批复同意《前海深港现代服务业合作区总体发展规划》。2011 年 1 月 10 日，深圳市政府举办前海管理局揭牌仪式，"前海深港现代服务业合作区管理局"和"前海湾保税区管理局"正式挂牌。开发建设前海合作区，是新时期国家战略，也是深圳落实《珠江三角洲地区改革发展规划纲要》和《深圳市综合配套改革

福田中心区 2015 年（陈卫国 摄）

---

① 参考：《深圳市城市总体规划（2010~2020 年）》实施评估报告，深圳市人民政府，2017 年 6 月．

福田中心区 2016 年（陈卫国 摄）

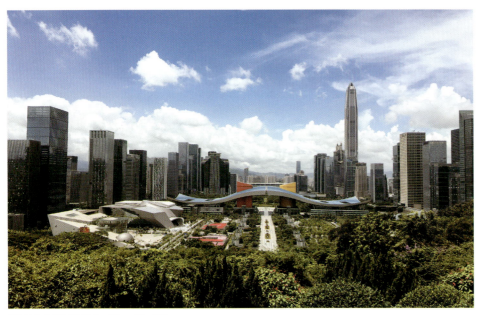

福田中心区 2017 年（陈一新 摄）

总体方案》，进一步密切深港合作，加快转变经济发展方式，推进产业转型升级的主要实践[①]。2015年4月，"中国（广东）自由贸易试验区深圳前海蛇口片区管理委员会"挂牌成立。前海蛇口自贸区将把自贸区体制机制创新、前海国家服务业开放发展平台

---

① 陶一桃主编.深圳经济特区年谱（1978.3—2015.3 修订版）.北京：中国经济出版社，2015.P917.

功能和蛇口发达的港口航运产业基础更好结合起来，形成区位、政策、体制和产业的叠加优势，进一步发挥新时期深圳经济特区先行先试作用，更好地服务于国家"一带一路"倡议。

（5）落实了基本生态控制线的实施管理，生态城市建设成效显著，但也面临较大挑战。自2005年实施基本生态控制线管理以来，全市公园、绿道网、绿化覆盖率等建设虽在国内处于领先水平，但生态用地缩减的形势依然严峻，控制线内生态用地不断受到生产生活用地不同程度的侵蚀，自然生态空间逐年缩小，资源环境面临较大压力。

（6）《总规（2010）》提出深圳综合交通发展目标是建设成为国家重要的综合交通枢纽，构筑便捷、安全、环保的城市综合交通体系，遵循公交优先原则，构筑以轨道交通为主干、常规公交为主体、各种交通方式协调发展的城市客运交通体系，2020年全市机动化公交客运出行中的公交分担率提高到70%以上。2010年特区扩容，深圳交通逐步进入全市规划、建设、管理一体化时代。绿色公交都市建设成绩斐然。至2015年，深圳公交在机动化出行中的分担率达到56%，小汽车的分担率降为38%，2015年底，位于福田中心区的福田火车站开通，该交通枢纽站以广深港客运专线深圳福田站为中心，汇集地铁1、2、3、4、11号线等城市轨道交通线路，以及公交首末站、小汽车及出租车接驳场站等常规交通设施及配套，定位为国内大型地下铁路车站、珠三角重要的城际交通枢纽。至2017年深圳已建成运行的轨道交通里程达到286km，已经规划的轨道交通线总长1142km。深圳已基本建成全国性交通枢纽城市。

（7）《总规（2010）》实施以来，深圳市大型市政设施建设进展顺利，提高了城市资源能源保障能力，水资源和能源供应规模基本满足要求，且利用效率较高，但布局和结构仍有待优化，市政设施规划有一定缺口，落地困难。城市防灾过程建设稳步推进但系统化建设亟待加强。

华侨城全景 2015 年（陈卫国 摄）

（8）2011年世界第二十六届大运会在深圳成功举办，提升了城市基础设施水平和城市服务能力，加速了深圳国际化城市建设步伐。

（9）2012年2月市规划国土委加挂市海洋局牌子，海洋规划管理职能划入市规划国土委。深圳开始海陆统筹规划的探索与实践。

（10）2015年深圳开始编制总规第四版，制定《深圳2050远景发展战略》。2017年国家战略提出推进建设粤港澳大湾区，有利于深化内地和港澳交流合作，完善创新合作机制，促进互利共赢，打造国际一流湾区和世界级城市群。深圳力争在粤港澳大湾区发挥核心作用的信心更增强。

罗湖中心区 2016 年（陈卫国 摄）

深圳湾 2017 年（龚志渊 摄）

三、规划远见及深圳经验

1. 规划远景发展策略助推深圳三上新台阶

深圳是一座年轻的城市,也是一座有远见的城市。深圳城市规划 40 年来,三次制定城市远景发展策略,引导了城市三次成功转型。深圳从 1989 年、2003 年、2015 年分别三次编制城市发展策略,直接推动了深圳撤县改区、将前海纳入城市中心等重大决策事项。

1)深圳第一次编制城市发展策略

深圳第一次编制城市发展策略是"1989 年《深圳市城市发展策略》,总结深圳前 10 年的发展成果,分析区域条件的发展和变化,提出深圳后 10 年的发展方向为:以金融贸易为主,第三产业发达,高科技工业为主导的国际性城市。按照这一认识,进一步明确了福田中心区的未来功能应集中于金融、贸易以及高档服务乃至信息等第三产业为主的中心商务区(CBD)"[①]。该策略发现深圳原特区可用的城市建设用地太少了,因此 1993 年宝安县及时撤县改区,建立宝安区和龙岗区。

2)深圳第二次编制城市发展策略

2002 年起深圳第二次编制城市发展策略。进入 21 世纪之际,深圳所处的大珠三角城市发展明显出现了新的动向:2000 年广州启动了《广州城市总体发展概念规划》,2001 年香港启动了《香港 2030:规划远景与策略》。深圳面对城市空间供给不足与区域发展态势,市政府于 2002 年 3 月正式委托中国城市规划院进行《深圳 2030 城市发展策略》(以下简称"深圳 2030")的研究。作为国内第一个开展城市中长期发展策略研究的城市,"深圳 2030"无疑是当时中国规划界最富挑战性的工作之一。然而,历史又一次眷顾了深圳。2003 年"科学发展观"、2004 年"和谐社会"为深圳的发展提供了新的思路和视角,深圳的战略转型与国家的战略转型又一次惊人地巧合!

2006 年,深圳市委、市政府颁布了"深圳 2030",并经过人大立法,成为国内第一部立法的城市发展策略。"深圳 2030"在深圳城市快速发展的繁荣时期,敏锐地预警了"四个难以为继",并为深圳未来城市发展预设了渐进式转型的路径,准确地识别了前海的重要战略地位,将前海的规划定位从港口物流区转变为城市中心区,使

---

① 深圳市规划和国土资源委员会编著.深圳改革开放十五年的城市规划实践(1980～1995 年).深圳:海天出版社,2010.P120.

前海及时进入了城市"核心区"范围，扭转了前两版总规确定前海为物流仓储港区的功能定位，这一结论及时反馈到当年在编的《总规（2010）》中，它成为深圳第三版总规的重要内容之一，即确定深圳城市双核双中心——罗湖福田、前海。从深圳近十多年城市发展历程看，深圳2030策略对城市发展趋势和发展问题的预测都已成为现实。

3）深圳第三次编制城市发展策略

深圳城市第三次发展策略《深圳市2050城市远景发展策略》（以下简称"深圳2050"）于2015年开始编制，深圳提前预测展望35年后深圳的发展趋势。

2014年深圳已建设用地920km^2，占可建设用地94%，面临土地空间资源紧缺和生态环境承载力的双重瓶颈制约，2014年末深圳常住人口达1077万人，深圳GDP达1.6万亿元人民币，社会经济继续向好。但深圳居安思危，着手编制城市第三次发展策略。

"深圳2050"确定深圳未来发展目标是全球创新城市、中国先锋城市、可持续发展的典范城市。深圳未来发展策略为开放创新、高效可达、绿色低碳、文化繁荣、宜居包容、安全弹性。

2. 深圳城市规划经验

深圳原特区是基本按规划蓝图建成的，超前规划，承上启下，连续实施，深圳城市规划的基本经验值得研究。"深圳是我国建立最早、最大的一个特区。特区的建立，对我国城市规划工作，既是有意义的挑战，又是极难得的好机遇"。"深圳可以通过迅速实施规划，缩短认识—实践—再认识的过程，使我们能够较快地辨别哪些规划思想不适应新情况，要尽快探索新的办法；哪些规划思想仍然适应新的形势，可进一步充实和完善"。[1]深圳规划中出现的一些新观念如地价观念、土地开发建设成本、规划实施的经济可行性、土地供应开发计划、规划对市场发展灵活适应观念[2]等，至今仍深刻影响着深圳规划设计，也是深圳城市规划必须进一步深化改革的关键问题。城市规划是一门实践性学科并具有经验科学特征，在深圳规划40年之际，回顾特区规划历程，总结经验教训，意义深远，也是我国改革开放40年来城市化率超过50%后必须重新反思规划建设模式的转折时期的需要。

---

[1] 周干峙. 在努力攀登先进水平的城市规划道路上前进——深圳特区城市规划十年回顾. 深圳市城市规划委员会, 深圳市建设局主编. 深圳城市规划——纪念深圳经济特区成立十周年特辑. 深圳: 海天出版社, 1990. P3.

[2] 周干峙. 在努力攀登先进水平的城市规划道路上前进——深圳特区城市规划十年回顾. 深圳市城市规划委员会, 深圳市建设局主编. 深圳城市规划——纪念深圳经济特区成立十周年特辑. 深圳: 海天出版社, 1990. P3.

1）超前规划，弹性规划

超前规划很重要，提前征地更重要。城市规划实施有赖于土地使用制度的改革和提前征地。深圳经验显示：要实施规划蓝图，必须首先储备土地。例如，1992年深圳原特区对农村集体用地的成功统征，才使深圳特区规划蓝图较好地实施。

弹性规划把原则性与灵活性结合，适应城市动态发展的需要。城市是一个有机生长的过程，在城市不同发展阶段会遇到不同问题。城市规划可以有三个层面：一是远景规划，城市首先必须有一个百年大计的长远框架结构；二是总体规划，在远景规划指导下在十年或二十年内的总体规划；三是详细规划，在总规指导下根据经济发展需要制定的详细规划，可有动态调整机制，体现规划的灵活性。《总规（1986）》预见了前海湾组团（2000年以后开发的填海区）这个弹性规划指导了深圳40年的高速发展。

2）城市规划委员会制度

深圳市政府1986年5月成立了"深圳市城市规划委员会"（简称：城规委），聘请了国内外规划建筑专家组成城规委，每年召开一次或多次重要会议，让深圳特区城市规划赢在起点。20世纪80年代较好地吸取了许多城市规划建设的经验教训，使特区规划建设少走了许多弯路，赢得了前二十年的开发机遇，吸引了国内外优秀人才迁居到深圳。这种城规委制度也是从香港学来的。至1997年，城规委一直是专家咨询机构。直到1998年，深圳市人大通过了《深圳城市规划条例》，这部深圳地方法规定了深圳城规委下属的法定图则委员会是审批法定图则的决策机构。2009年，深圳市政府又授权城规委下属的建筑与环境艺术委员会负责审批城市更新专项规划。深圳城规委对这两项详细规划的审批权一直保留至今，使之成为名副其实的详规决策机构。这是深圳规划管理制度进步的亮点，它既维护了规划的公正性，也保护了特区干部。

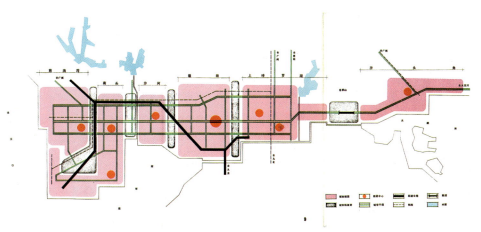

1986年深圳总规组团结构

3) 多中心组团结构，奠定了深圳弹性发展空间

深圳特区的城市结构在1981年《深圳经济特区总体规划说明》中已经明确采用带状多中心组团结构规划，将特区分成7~8个组团，组团与组团之间按自然地形用绿化带隔离，又有方便的道路连接。每个组团都要配套居住、工业、商业及行政、文教体卫等公共设施，工作与居住就地平衡。可以说，深圳从一开始就规划了低碳节能的城市架构。1986版总规正式确定了深圳特区带状多中心6个组团结构规划。这种富有弹性的组团格局一直保持到现在，适应了人口和用地规模大大超过规划预测情况下的城市正常运转。深圳每个组团基本建成了职住平衡的"大中城市"，大大减少了交通通勤压力，深圳40年来交通运行状况良好，"大城市病"不明显，保持了较好的生态环境。

4) 交通规划超前，实施成效更佳

20世纪80年代初，深圳规划师已超前意识到：高效便捷的交通是现代化城市的一个重要标准。因此，深圳总规（第一版）为长远发展的多样性综合性交通体系预留了可能需要的足够场地。深圳特区交通总体规划从1985年起就确定了"公交优先，快慢分流、商业中心人车分流"的交通规划原则，后来一直按照这个思路建设道路网构架，大力发展公交，快速建设地铁轨道交通。在前二十年轨道建设中，本着"建地铁就是建城市"的理念，让地铁建设较好地缝合城市，弥补缺憾，使深圳地铁实施成效超过预期。

2016年最新修编公示的深圳市轨道交通规划方案，由32条线路共1142km的轨道线组成网络，未来建成后将成为轨道网密度最大的城市之一。至2016年深圳已建成投入运营的轨道线长286km，包括1号线、2号线、3号线、4号线、5号线、7号线、9号线、11号线。以上显示，深圳交通规划比城市规划更超前，规划实施力度大，才能实现城市交通TOD出行模式。

5) 基本生态控制线控制了开发，保护了环境

20世纪80年代初，深圳规划已超前意识到：保持良好的城市环境，实际上是保持了吸引外资发展经济的最重要的一种资源。

2003年起深圳规划局开始制定基本生态控制线规划，2005年深圳市政府颁布了《深圳市基本生态控制线管理规定》，适时保护了环境，控制了开发建设的无序扩张。近十几来一直把生态控制线当作"生态铁线"牢牢把控，才使深圳既快速发展了经济产业，又保证了生态环境质量，"经济和环保"两手都硬。深圳基本生态控制线划定比国内其他城市早了十年。保证了深圳经济发展与环境保护的双管齐下。

6）基础设施容量适当超前预留

深圳特区起步时，由于难以预测城市未来人口规模，相应地要计算市政基础设施容量、交通容量的依据不足，但深圳市政府采取了一种十分睿智的方法：实例1，《总规（1986）》预测2000年城市人口规模110万人，但市政基础设施按150万人预留，交通预测按200万人口规模。因此，深圳特区总规超前预留了市政和交通用地与基础设施。实例2，福田中心区地下市政管网的容量和交通容量都按高方案计算，地上按中方案控制开发规模。例如，1992年编制福田中心区（占地约4km²）详细规划时，难以预测中心区未来规模大小，中规院深圳分院的规划师很聪明，提出了高、中、低三个方案，高方案是1200万㎡，中方案是970万㎡，低方案是670万㎡，当时规划国土局领导和市领导睿智地决策：地下市政工程容量按高方案计算，地面建筑开发按中方案控制。至今，福田中心区已建成竣工的建筑面积达1100万㎡，仍有100多万㎡未验收。可以看出，中心区未来使用的建筑规模恰好是高方案。这充分体现了领导和专家的超前眼光。

四、结语

深圳是中国改革开放的缩影，历史造就了深圳在改革开放中的先发优势，深圳40年经济一直呈现高速增长态势，创造了世界城市化建设史上的奇迹。这个奇迹产生的原因除了深圳拥有"天时、地利、人和"以外，"真正影响城市规划的，是深刻的政治和经济的变革"（芒福德），深圳城市规划40年，试验了从改革开放初始的计划经济体制较好地过渡到了社会主义市场经济体制，探索了政府规划与市场需求矛盾的解决办法，改变了传统城市规划理念，使规划不仅要注重社会效益、环境效益，也要注重经济效益。如果没有经济效益，规划蓝图难以实现，则谈不上社会效益和环境效益。

笔者虽然1985年7月首次到深圳旅游，1989年5月移居深圳，1996年6月至今一直在深圳市规划国土局工作，近距离"亲见亲历亲闻"深圳城市规划历程，但城市规划非常复杂和综合，规划研究知易行难。深圳城市规划40年是个巨大题目，本文虽为概述，难免挂一漏万。笔者凭借深圳市注册建筑师协会的邀请约稿，才敢执笔著一拙文，仅作初稿期待批评，望有机会再作修改。

国家"一带一路"倡议，重构了深圳对外开放格局。国家"十三五"规划纲要首次将深圳确立为科技产业创新中心，深圳无论在产业结构、产业驱动力还是经济发展的体制机制等方面，已先于其他城市率先进入经济发展的转型阶段。深圳将继续政策创新，继续超前规划，深港合作建设，将会在粤港澳大湾区规划建设中发挥更重要的作用。

深圳鸿荣源壹城中心

设计单位：香港华艺设计顾问（深圳）有限公司
项目地点：深圳
设计时间：2015 年
用地面积：50 万 m²
建筑面积：206 万 m²

深圳鸿荣源壹城中心由人民路、工业路、梅龙路、东环一路和建设路围合而成，靠近深圳北站。

项目占地面积 50 万 m²，总建面 206 万 m²。其中主题商业 Shopping Mall 建筑面积 40 万 m²，商务办公 10 万 m²，五星级酒店 4 万 m²，高端公寓 15 万 m²，精品豪宅 130 万 m² 及社区生活配套。

方案规划以"立体自商圈"为商业理念，定位为面向都市新贵的时尚生活体验中心，并以"舞动飘带"为规划理念，融趣味性、体验性、观赏性于一体，形成开放式商业与半开放式商业的有机结合。

项目分四期开发，商业首期于 2016 年面市，到 2020 年全部建设完成。其中，超过 40 万 m² 的商业也分四期开发，商业一期包含美食娱乐城和山姆会员店。壹城中心已于 2014 年 4 月份正式签约美国山姆会员店，成为深圳第三家以及深圳北首家山姆会员店。

深圳心海城

设计单位：香港华艺设计顾问（深圳）有限公司
项目地点：深圳
设计时间：2014年

项目位于深圳市坪山坪环地区，北侧为规划路，东侧紧邻坪环路，南侧为比亚迪路，西侧为大山陂水，处于大万世居及坪环邹氏宗祠建设控制地带以外。07地块为二类居住用地（R2），用地面积18704.96m²；08地块为二类居住用地（R2），用地面积14505.97m²；09地块为二类居住用地（R2），用地面积10251.83m²；地块西侧紧靠大山陂水水系景观，临近深圳市客家文化古建筑大万世居，南侧为大山陂水库及马峦山，景观资源丰富。

小区规划以"一轴二区三心"的架构主导方案规划，强调整片区的整体性与有机性。

"一轴"——地块西侧的大山陂水水系景观蜿蜒而下，与小区内部景观相互映衬，将三个地块有机地串联在一起。

"二区"——07、08与09区域居水系两侧，天然形成两个相对独立的区域。

"三心"——半围合的布局形式，形成了各自的内部花园景观，是小区居民活动休闲的中心；幼儿园同样采用了半围合的布置形式，为儿童提供了充足的活动场所。

福田区八卦岭城市更新

设计单位：筑博设计股份有限公司

设计团队：冯果川　张春亮　周天璐　高建阳
　　　　　欧阳栋　李明炜

合作单位：荷兰 kcap 建筑事务所
　　　　　中国城市规划设计研究院深圳分院

项目地点：深圳

设计时间：2016 年

用地面积：1160000m²

建筑面积：4400000m²

建筑创新点：

项目自 2016 年 9 月启动以来，筑博设计团队便着手反思改革开放后中国城市发展道路。经过对项目基地详细的调研走访及城市关系研究，筑博设计认为原本经济导向、封闭割裂、缺乏弹性、丧失动力、粗放低效的规划是八卦岭片区最为突出的问题。针对这四点，筑博设计提出八卦岭片区更新的四大设计策略：全域编织、立体链接、多元混合、24m 以下村落。

首先，将八卦岭片区置入城市区域范围内考量，连接外部景观、居住、配套设施等资源，打通东起洪湖公园西至莲花山公园的城市级公共空间体系。片区内规划多层级、多类型的公共空间系统，将外部资源与片区内部公共空间进行串接。其次，对片区内交通系统进行立体规划，将不同类型的交通分散在不同标高。利用二层连廊、地面车行道路、地面无车街区、地下车行环路等方式打造高效便捷的交通系统，在区域内获得更好的出行体验。破除过去"单一分区"的思路，各个片区功能和业态都进行多维度混合，打造创新创业、商业、产业、社区四位一体的功能体系。挖掘"心理地标"而非视觉地标，营造人本生活和舒适的体验是使未来城市变得更加美好的重要考量。设计团队将片区裙房分割，打破原有的大裙房街墙模式，创造建筑下的漫游路径和庭院与公共空间系统、无车街区无缝搭接，打造 24m 以下、24 小时全时活力的八卦岭未来空间新模式。

深圳前海中心区城市规划

设计单位：筑博设计股份有限公司
设计团队：冯果川　张春亮　尹毓俊　李伟　肖阳
合作单位：Field Operations 景观设计事务所
项目地点：深圳
设计时间：2010 年
用地面积：18040000m²
建筑面积：54120000m²

建筑创新点：

前海中心区城市设计的目标定位需要符合两个关键性框架体系：遵循前海片区的整体定位的宏观框架，既为深港现代服务业合作区、国际现代化社区、信息自由港，又符合综合规划设定的前海片区整体功能布局，即为前海片区的商务中心。前海中心区作为前海地区转型和开发的先锋，启动区开发建设要体现高标准、高起点和实验性。提出了区–MAX 的设计概念，即高连接、高混合密集、高生活品质及高可持续性开发的设计目标，来应对上述框架体系所提出的定位要求。

第 1 章 城市设计与更新 **039**

金地工业区－沙嘴村城市更新

设计单位：筑博设计股份有限公司

设计团队：杨为众　周曙光　刘新远　彭　芳
　　　　　马俊彦　石　磊　陈远华　陈析浠

合作单位：深圳市城市规划设计研究院有限公司

项目地点：深圳

设计时间：2014 年

用地面积：147882m²

建筑面积：1750000m²

建筑创新点：

本更新单元位于福田区沙头片区，周边为连片城中村，空间环境品质差，公共空间缺乏，工业区形象与区域发展不相符，土地利用率低，现状公共配套设施相对匮乏。

为解决上述问题，筑博提出在此打造集海滨休闲、特色商业、办公、居住于一体的国际化建设标准的滨海活力区，融合时尚与体验的公共生活圈。建立"通海达城"的公共活动走廊，构建以 3 个大广场、1 个中央休闲公园组成的公共空间体系，实现与地铁公交无缝衔接。

深圳华润城（大冲旧村改造）

设计单位：深圳市华阳国际工程设计股份有限公司
合作设计单位：RTKL/UPDIS/MVA/FOSTER+PARTNERS/SWA/广东省建筑设计研究院/CCDI
项目地点：深圳市南山区
设计时间：2007年至今
竣工时间：未竣工
用地面积：6946hm²
总建筑面积：380万 m²
主创建筑师：薛升伟 唐志华 田晓秋 古锐 吴素婷 刘珂 高翔 孔辉 朱方圆

设计团队：
建筑：符润红 吕柱 吴昱 王亚杰 陈柯 李文渊 黎永祥 王健君 张允 简欢 付锐 舒予 李少群 金祥祥 肖赫 陈礼雄 储晓楠 叶君超 李祥柱
结构：张琳 徐洪 张均洲 贾鹏刚 韩艳波 陈刚 曹秋迪 余淼 郭立峰
电气：李炎斌 陈娟 岳连生 刘卫强 聂应新 苏榕涛 张定云
暖通：王伟华 杨森 倪晓明 叶宏基 魏松柏 李斌 郭德志 李吉辉
给排水：伍凌 徐锦 章才能 刘小辉 辛幸 刘进 吴健
总图：李勇 赵卫国 闵敏

项目荣誉：
2017年优秀工程勘察设计行业奖之"华彩奖"建筑工程设计类二等奖（置地大厦）
第三届深圳市建筑工程施工图编制质量银奖（置地大厦）
第二届深圳市建筑工程施工图编制质量银奖（回迁自住A区）

大冲旧村改造是华阳国际在大型综合类旧城改造方面的开创性项目。自2007年起，作为项目规划、设计及总协调方，华阳国际负责新城花园、城市花园、都市花园、大冲商务中心、过渡安置区、大冲大厦及润府的方案设计，同时也参与了万象天地的设计工作。

更新策略充分利用了项目的区位优势，紧密联系周边环境，不遗余力地保留村里的空间文脉及历史建筑，并赋予其新的内涵与功能，重塑极具空间品质的城市聚落，并续写着这座幸福之城的多元、和谐与活力。

坪山六和城

设计单位：深圳市华阳国际工程设计股份有限公司

主创建筑师：薛升伟 古 锐 汤 凯 张 磊

设计团队：

  建筑：王亚杰 黎永祥 桂朝军

  结构：田志国

  电气：聂应新

  暖通：胡 勇

  给排水：刘 毅

项目地点：深圳市坪山新区

设计时间：2011～2014年

竣工时间：2017年

用地面积：64000m²

总建筑面积：312561m²

坪山益田假日世界是深圳市坪山新区的首个城市更新项目，要在坪山传统的政商中心和新区未来的商业中心交汇地带，打造一个集超高层写字楼、高端住宅及购物中心于一体且极具时代感的地标性城市综合体。

基于坪山未来的发展规划，进行项目设计及建筑造型开放的同时，还对项目中坪山文化广场和公共交通进行了规划整合，商业中心与交通枢纽连带发展，并与地铁12号线配合形成繁荣的地下商业空间，打造成一个多层次的城市综合体，服务整个片区，达到城市基础设施建设与商业需求的双赢。而在新广场的设计中，保留了老坪山的城雕"飞马雕塑"，并以其作为新广场的中心和三角地块的前锋，四周的园林设计铺陈开来，形成一个可唤起地域文化记忆的公共空间。

布局以核心主力商业"益田假日世界"为全地块大底盘，呼应坪山文化广场和周边城市开放空间，将原有的城市公共空间与商业空间进行功能联结，真正打造深圳"东进第一城"。同时，沿道路方向均衡布置7栋高度为100m的住宅塔楼，于城市主展示面布置2栋高度分别为150m和135m的超高层，为全玻璃幕墙的办公公寓综合楼和大户型豪宅。整体形象现代动感，塔楼方正高耸，裙房圆润流动，刚柔并济，以地标之势，连接坪山的过去和未来。

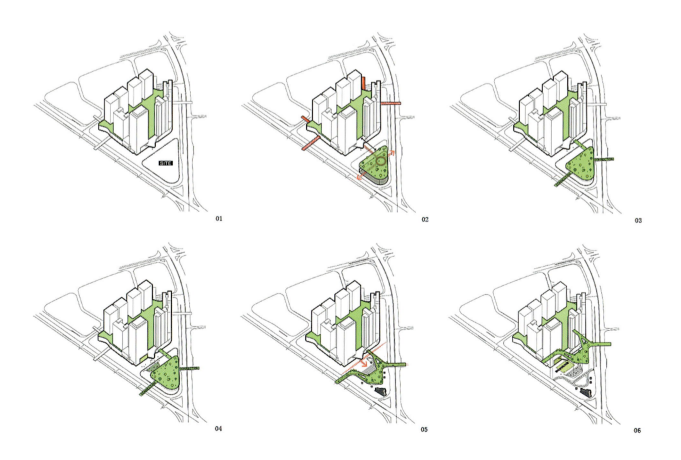

福田区赛格日立工业区升级改造专项规划（调整方案）

设计单位：深圳市清华苑建筑与规划设计研究有限公司
主创规划师：张 曙 吴卫华
设计团队：廖 舟 魏 佳 操毓颖 宋俊玲 陈智恒
程 鹏 邓真男 杨艺博 陈 伟
项目地点：深圳市福田区
开发建设用地面积：121371m²
计容积率建筑面积：788910m²

获奖荣誉：深圳市第十六届优秀规划设计一等奖

项目是"深圳经济特区成立30周年20大城市更新项目"之一，是深圳市第一批"工改工"12个试点项目之一。项目树立了深圳产业升级城市更新标杆，开创了包括地价计收，销售面积分割等先例。项目集产业研发、商务公寓、酒店、配套商业于一体，现已成为深圳城市更新对外展示窗口。

项目区位：

项目位于环福田区"环CBD高端产业带"内，属于福田罗湖中心，用地南临笋岗路，东临皇岗路，西临彩田路，位于莲花山与笔架山山谷之间，靠近中心公园。

项目特点：
①山谷漫游，缝合城市

本次规划利用项目的区位优势及周边的自然环境，将"产、城、人"融为一体，创造一个全新商业商务中心区。项目充分体现低碳、绿色、环保、以人为本的理念，从"缝合城市"角度出发，规划了总长约2km的生态廊道，将莲花山、笔架山两大山体公园联系在一起，实现城市公共开放空间的有机融合，在丰富和完善城市绿化系统的同时，力求建筑、人与自然三者的和谐统一。

项目在莲花山公园和笔架山公园之间预留了一条建筑限高为30m的视线通廊，并结合视线通廊在改造地块内预留不少于2km²的公共开放空间（全天候为公众开放）。该视线通廊跨过本片区设置步行连廊连接笔架山与莲花山，实现公园缝合与城市缝合，同时跨笋岗西路设置二层连廊与南侧莲花一村相连，跨基地内市政道路设置二层连廊将地块1跟地块2相连，加强地块与周边联系。

②立体交通，破解交通孤岛

项目运用立体交通组织的规划手段，破解现状地块交通孤岛局面，加强了项目与周边地块及城市道路的衔接，为项目规划定位提供了有力支撑。

项目在基地内增设东西向市政支路，红线宽度为24m，在保证其作为市政道路功能的基础上，实施道路架空及外围道路配套改造，增设三条基地内市政支路与彩田路相连定向匝道，增设一条基地内市政支路与皇岗路相连双向匝道，匝道根据相关要求进行设置。另对笋岗西路公交站进行优化，设置为港湾式公交站。

项目实施情况：

大部分已实施完成，公寓、商业已投入使用，外部交通衔接匝道、空中长廊等正在施工中，预计2018年底完成。

清华苑办公大楼改造

设计单位：深圳市清华苑建筑与规划设计研究有限公司
项目地点：深圳市南山区
用地面积：2000m²
建筑面积：10000m²

深圳市中航苑总体规划调整及城市设计

设计单位：深圳市清华苑建筑与规划设计研究有限公司

项目地点：深圳市福田区

用地面积：104728m²

建筑面积：346000m²

获奖情况：深圳市优秀城市规划设计表扬奖

福田区园岭街道荣生高新技术创业园更新单元规划

设计单位：深圳市清华苑建筑与规划设计研究有限公司

项目地点：深圳市福田区

用地面积：9079.4m²

建筑面积：54723.2m²

深圳湾超级城市国际竞赛优胜方案"汇谷林城"

设计单位：深圳市华汇设计有限公司
项目成员：肖 诚 黄梦春 毛伟伟 黄 璐
项目地点：深圳市
建筑面积：约 352000m²
业主：深圳规划国土委员会
设计时间：2014 年
奖项荣誉：深圳湾超级城市国际竞赛第一名

深圳湾超级总部基地以各行业门类产业链最顶端的总部办公为主导，辅以国际会议、展览、文化传播等功能，是深圳着力打造的世界级城市中心。

除了三栋超高层塔楼以外的建筑体量分配到场地上每个街区，同时在屋面形成一个连续、具有高低起伏的公共花园。屋顶公园与地面之间的城市体量，将超级总部基地的部分公共功能与城市功能相混合，促进场地各种使用人群的相互交流。体量中部引入纯自然生态峡谷，贯通南北景观资源，保证场地自然系统的完整。超高层建筑屋面公园与自然峡谷各界面交错形成的城市生活空间，正是我们对于深圳湾云城市以及未来超级总部基地构想的回应。

深圳国际低碳城城市解决方案竞赛作品

设计单位：深圳市华汇设计有限公司
项目成员：肖　诚　王　聪
项目地点：深圳市
设计时间：2014 年
建筑面积：1800000m²
业　主：深圳市国际低碳城规划设计领导小组办公室
　　　　深圳龙岗区人民政府

绿色开放空间有利于提升规划片区内的空间利用价值，形成良好的绿色景观空间体系，不仅可以为动植物提供食物及生存空间，还可以为居民提供景观和休闲娱乐环境，提高生活品质，为低碳出行创造良好条件。同时具备排水防洪、污染过滤、固碳、防风和隔声屏障、微气候改善等功能。

宝安区福永街道凤凰第三工业区更新项目

设计单位：深圳和华国际工程与设计有限公司

设计团队：

  项目总负责人：梁绿萌

  方案设计：赵文浩　肖　斌　杨宪涛

  施工图设计：黄继铭　王晓明　黄　靖　林碧懂

       肖　波　徐培基　罗　刚　黄良华

项目地点：深圳市

设计时间：2016年

用地面积：69849.50m²

总建筑面积：56.2万 m²

建筑高度：80.0m

结构类型：塔楼框剪力墙结构，裙房用框架结构

项目概况：

  项目位于深圳市宝安区福永街道北部，地块西临广深高速公路，北临城市主干道凤凰山大道，东临城市次主干道福永东大道，南临城市支路腾丰二路。

  1. 以旅游、休闲为特色的大型城市综合体。"如凰羽遗落于凤凰山脚下，携古村遗民于福地腾飞"，依托凤凰山森林公园优势，将本项目打造成集酒店、办公、Mall、商业步行街、商务公寓于一体的大型城市综合体。

  2. 大型屋顶生态花园。连接多地块的复合型生态园林社区，营造大尺度的空中园林空间。

  3. 融入当地文化特色的特色商业街区。利用北侧原有商业建筑，与项目融合形成互动的商业街区，打造集休闲购物、旅游、文化展示、民俗体验于一体的特色商业街。

宝安区新安街道凸版印刷工业区城市更新单元

设计单位：深圳和华国际工程与设计有限公司

设计团队：

    项目总负责人：梁绿荫

    方案设计：陈 楠 许忠恒 夏冰心

    施工图设计：黄继铭 史楚林 林碧懂 肖 波
                  徐培基 罗 刚 黄良华

工程地点：深圳市

设计时间：2016 年

建筑面积：294722.01m²

建筑高度：156.20m

结构类型：塔楼框支剪力墙结构；裙房采用框架结构，一级工程

项目概况：

    项目作为宝安中心区重点旧改项目之一，定位为邻地铁复合综合体，集城市高端精品住宅、商业、幼儿园及各种公共社区设施于一体，满足当地市民生活、购物、商务社交、休闲娱乐各层次的需求。项目结合交通的高度可达性，完善的城市交通系统以及基地周边的公园自然景观，打造生活、工作、购物、娱乐和休闲融为一体的城市文化中心，构建一个来为城市服务的文化符号。

深圳国际会展中心及配套用地城市设计

设计单位：深圳市欧博工程设计顾问有限公司

项目地点：深圳市大空港片区

设计时间：2017 年

用地面积：2095000m²

建筑面积：2653100m²

最高高度：112m

停车位：25355 辆

奖项荣誉：深圳市第十七届优秀城乡规划设计奖三等奖

区位

项目选址深圳空港新城，位于珠三角湾区的顶部、穗港深经济走廊的核心部位，珠三角的地理中心和广东自贸区的中心。项目区位优势突出，交通条件非常便利：距 T3 航站楼 7km，距 T4 枢纽 3km，深茂铁路、穗莞深城际线、深中通道均在周边经过，规划与地铁 20 号线、12 号线，以及沿江高速、广深高速两条高速接驳。

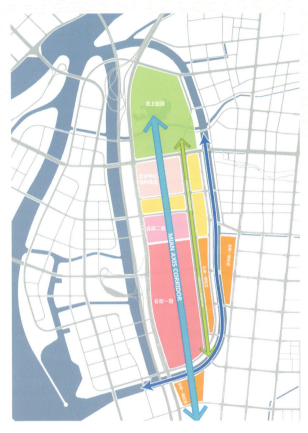

片区协调

片区主要空间呈岛状，形成以大型绿色生态开放空间"海上田园"、大型文化设施"两中心一馆"（会议中心、科技馆、会展中心）为主的空间序列。沿主要文化设施贯穿全岛的休闲带是将生态环境与城市建设融为一体的主要线索。其他开发用地为"两中心一馆"提供综合服务配套。

规模布局

国际会展中心（一期）会展用地面积121.4万m²、建筑面积146万m²；综合配套商业用地面积52.8万m²、建筑面积154.3万m²，其中酒店不少于25万m²，公寓不多于69.7万m²，办公和商业分别为26.2万和32.3万m²。

项目形成"一河两带三片区"的规划结构。其中配套用地是包含了酒店、办公、餐饮、购物、娱乐、旅游、商务居住等功能的大型城市综合片区。各类配套推动了会展经济发展，也在交通高峰起到了分流出入人员、缓解交通压力的作用。

交通

用地范围内有12号线和20号线两条地铁线，从会展休闲带西侧道路下穿过。两条线路在会展主登录大厅位置形成四个站点，同台换乘，最终形成会展南站、会展北站两个枢纽站点。20号线在规划范围南北还各有一个一般站点。

休闲带范围地面共有3处各1万m²的集中交通设施，用于公交、专线巴士、的士停靠站等，以及1万m²的公交停车场。东岸和南岸还各有一处公交首末站。此外，项目周边设置了货车轮候用地等各类临时交通用地约38万m²。

公共空间

沿福永海河两岸塑造滨水休闲的氛围，以自然、生态绿地为主，各段设置景观节点，丰富福永海河沿岸的公共空间。会展与开发用地之间的会展休闲带既是主要的公交换乘区，又是重要的过渡空间，采用立体复合的形式。南北两个中心广场是集中公共开放空间节点，为高密度的商务集中区提供休闲活动的场所。

结语

项目建成后将与广州琶洲展馆、深圳国际会议中心等会展项目一起，在珠三角湾区共同打造一个世界级的会展集聚区。未来，将在湾区形成一个人流、物流、信息流、资金流聚集的节点，对于提升湾区集聚力与辐射力、促进珠三角城市群协同发展和一体化发展、打造21世纪海上丝绸之路都具有重要意义。

第 2 章 风景园林与海绵城市

深圳风景园林与海绵城市40年总论（何昉） /058

1- 深圳生态广场 /070

2- 深圳市人民南片区道路景观改造工程 /072

3- 龙岗大道园林景观工程 /073

4- 深圳前海深港现代服务业合作区门户区提升
　　工程设计 /074

5- 深圳市光明新区行配区低冲击开发 /076

6- 深圳市宝安区雨水综合利用发展规划 /077

7- 福田河生态景观整治与提升 /078

8- 阳光棕榈园景观设计 /080

9- 深圳市 IBC 泛珠宝时尚经济总部景观设计 /081

10- 深圳市坂雪岗城市街道与节点绿化景观提升
　　设计竞赛 /082

11- 乐普医疗总部基地景观方案设计 /083

深圳风景园林与海绵城市 40 年总论

· 何昉　深圳媚道风景园林与城市规划设计院有限公司，全国工程勘察设计大师

40 年前，波澜壮阔的中国改革开放潮起南粤大地，建立了第一个经济特区——深圳。40 年间，作为改革开放的精彩起笔，深圳在荒野上不断书写华章，从一个渔火薄田的边陲小镇发展成为欣欣向荣的现代化城市，创造出举世瞩目的"深圳速度"和"深圳质量"！深圳 1980 年建特区，1982 年即开始实质着手风景园林规划建设，从继承和发扬近三千年传统的风景园林艺术，到率先尝试完善新时代的中国风景园林体系，风景园林"深圳流派"正在成为美丽中国的深圳注脚。

一、公园城市，传承创新

深圳作为全国公园最多的城市，也是全国最早提出公园城市理念的地区，因此，深圳曾获得全国唯一的一个生态园林城市示范市称号。除了有不同类型的自然公园和城市公园（市级、区级、社区级公园）作为市民休闲生活的场所之外，还有各具特色的风景名胜区为市民提供观赏游憩的景点。

1. 国家公园构想和国家风景名胜区建设

深圳对自然的敬畏，对生物多样性的尊重，体现在从一开始就重视风景资源的保护和利用。目前深圳的自然保护区面积为 170.3km^2，自然保护区覆盖率达 8.7%，保护区内地势平坦、开阔，有沼泽、浅水和林木等多种自然景观，在此可观赏到落霞与千鸟齐飞、静水共长天一色的自然美景。其中比较具有代表性的是内伶仃岛——福田国家级自然保护区，由内伶仃岛和福田红树林两个区域组成，总面积约 922hm^2。福田红树林地处深圳湾东北岸，东起新洲河口，西至红树林海滨生态公园，形成沿海岸线长约 9km 的"绿色长城"，总面积约 368hm^2。内伶仃岛位于珠江口内伶仃洋东侧，处在深圳、珠海、香港、澳门之间，总面积约 554hm^2。内伶仃岛峰青峦秀，翠叠绿拥，秀水长流，保存着较完好的南亚热带常绿阔叶林。该保护区毗邻拉姆萨尔国际重要湿地——香港米埔自然保护区，其面积为 380hm^2，其中红树林面积达 300hm^2，是香港最大的红树林区，拥有着丰富的动植物资源。

深港国家公园构想的提出，是希望以深圳湾、深圳河与大鹏湾沿岸的深圳湾公园、福田红树林自然保护区、福田红树林生态公园、香港米埔和后海湾国际重要湿地、香港湿地公园等深港边境绿地为主体，建设总面积约 140km² 的带状跨界国家公园。国家公园体制试点尚未涉及跨省保护地，深港国家公园的提出有望填补这方面的空白，成为国内首个"一国两制"背景下建立起来的国家公园。

梧桐山国家级风景区是以山海一体、景城相融、纵览深港为景观特色和以生态保护、科普科研、休闲观光为主要功能的城市型国家级风景名胜区，有着优越的自然风景资源和以仙湖植物园、东湖公园、弘法寺等为代表的人文风景资源。从生态上来看，梧桐山国家级风景区是深圳的野生动植物基因库、生态博物馆和生态名片，有着极为重要的生态地位。

2. 城市公园

深圳从建立特区之始就制定了高起点的规划，指引城市的健康发展，这个阶段主要是市政公共绿地的建设。深圳在大规模开展城市建设、大力发展经济的同时，决策者高度重视风景园林事业。深圳风景园林传承和发展了中国风景园林体系，率先规划设计现代城市公园，城市绿地系统格局形成。

在"文革"结束不久，深圳建特区之初，将最初建设的 3 大公园——仙湖风景植物园、东湖公园和荔枝公园，分别融入中国风景园林流派特征。这对当时拨乱反正，弘扬中国传统文化有着积极意义。仙湖植物园综合了中国三大园林体系及风格，巧妙

深圳仙湖植物园（陈卫国摄）

运用了北方园林建筑的形式，选择了江南园林的尺度，"仙湖""药洲"得名等立意构思的核心则源自于岭南园林，正如孟兆祯院士所说："仙湖植物园是一座具有中国园林传统的民族特色、华南地方风格和适应社会主义现代生活内容需要的风景植物园"；荔枝公园则是岭南园林和北方园林相结合的园林建筑风格；而东湖公园采用江南园林的建筑风格。

早期深圳总体规划，从城市空间形态特征出发，根据特区依山傍海的自然环境、狭长的地形特点，确定了组团式的总体布局结构，从东到西规划了八大工业组团，内部形成了大体配套、相对完善的综合功能，各个组团以交通干道相连，组团之间保留800~1200m宽的城市绿化隔离带，充分发挥城市绿地的生态作用，保证居民能够亲近自然、维护城市的生态平衡。经过城市近40年的发展建设，深圳初期建设预留的生态廊道现在已经形成城市中的生态公园链系统的重要一部分。

深圳市中心公园、莲花山公园以及笔架山公园是深圳的中央绿地，统称为深圳的"绿心"。作为城市中央区的集中绿地，这几个公园不仅代表了深圳的门面，更是对深圳城市生态有深远的影响。其中深圳市中心公园往南连接的福田河、深圳河，与莲

深圳市中心公园（2000年）（赵伦摄）

莲花山公园南大门（罗小勇摄）

中央领导手植金桂成为深圳特区建立30周年纪念园入口的对景（罗小勇摄）

深圳市海山公园（何昉摄）

花山公园以及笔架山公园，另外从福田河向南，与深圳河畔红树林国家级自然保护区、福田生态公园、深圳湾公园，加上新建的香蜜公园、人才公园，形成了链化的公园系统，城市景观和物种多样性得到空前提升。

深圳的公园设计往往是以风景园林师为主导，建筑师、规划师、艺术家通力合作的结果，由于其显著的空间艺术特征而使之具有浓厚的审美情调。如海山公园大胆采用色彩鲜艳的图案化的硬质材料，浪漫多变的景观构筑沿袭海洋生物和亚热带

深圳市中英街古塔公园

深圳人的一天（雕塑院提供）

植物特征；大梅沙公园月光花园建筑外观以红色砂岩和白色构架，还有很多表达人类爱情的植物，这里设计成了有名的爱情花园，更是婚纱摄影重要场所。

深圳也很重视本地历史文化的发掘，以"一街两制"闻名全国，有"天下第一镇"之称的沙头角中英街，是广东省文物保护单位，其中的8块界碑是清政府签定《香港英新租界合同》的历史见证，其景观规划设计历时五年，包括沙头角古塔公园在内，设计以真实性和整体性为原则，其理念体现了"有界无界之间"的极高境界。

深圳的社区公园从建设初期就注重居民方便和使用功能的有机结合，并逐渐提高艺术水平。在园岭公园内，深圳雕塑院的艺术家们尝试把影视艺术的理念与公园设计结合，由记者、设计师和雕塑家所组成的几个寻访小组，寻找18个生活在这个城市的不同层面的普通人，等比例翻模做成逼真的铜像雕塑，配有个人简介等资讯，命名为"深圳人的一天"，这是中国第一个用新艺术形成塑造城市生活的优秀作品。

3. 主题公园

20世纪80年代初的深圳市民主要以高消费的室内娱乐为主流，在80年代后期物质文明的提高，促使娱乐方式逐渐向室内外结合高端刺激性活动发展，锦绣中华、

深圳锦绣中华（陈卫国摄）

深圳世界之窗（陈卫国摄）

深圳欢乐谷主题公园（陈卫国摄）

第五届中国（深圳）国际园林博览会——盐田展园（深圳城管局提供）

深圳湾体育中心"春茧"园林（罗小勇摄）

民俗村、世界之窗等历史文化主题公园活动风靡一时，并逐渐形成主题公园的热潮，不久后迎来了主题公园建设的高潮期。深圳华侨城继锦绣中华之后，三大主题公园——民俗村、世界之窗、欢乐谷主题公园陆续开业，深圳野生动物园、小梅沙海洋公园、南山青青世界到东部华侨城等相继建设，也为中国特色主题公园闯出了一条有别于发达国家的自己的路，并在全国旅游业的繁荣过程中起到了里程碑的作用。

深圳主题公园的成功曾经引发国内争相效仿，出现了"锦绣中华现象"。跨入新世纪后，华侨城配合深圳打造生态城市形象，在东部启动以系列生态主题为游赏内容的大型生态旅游区，主题公园也朝"健康、生态、环保"的方向迈进，继续引领国内娱乐文化的潮流。

主题公园高潮建设之后，深圳迎来了一次国家园博会的建设任务，作为第一个建设在垃圾场上的园博会，第五届中国（深圳）国际园林博览会开启了首个永不落幕的园博园盛会。

之后深圳又迎来了一次大型城市事件——第二十六届世界大学生夏季运动会，迎大运系列景观规划设计项目不仅大大提升了深圳的环境品质，还为深圳带来了全新的城市风貌。

4. 自然公园

自然公园是深圳市绿地网络系统生态资源保护的重要组成部分，又是市民亲近自然的重要游憩场地，其建设理念就是以保护为主，提供市民基础野外休闲服务功能。深圳市绿地系统规划提出的区域绿地和生态廊道构成的连续生态绿地和城市建设用地相耦合，构筑了城市长远发展的基本生态框架和底线。结合居民长假期、每周出行的游憩康乐活动需求，提出并强化了"郊野（海滨）公园"规划，将区域绿地和生态廊道体系内的适当区域，通过增设适当的康乐设施，有限度地为市民提供公共游憩场所，在保证生态系统稳定和良性循环的基础上，让城市的绿地资源和海岸资源最佳程度地向市民开放，使郊野公园构成城郊的连续性绿地，与城市道路绿带，点状分布的城市公园一道，为城市构筑具有深远意义的健康而安全的绿色屏障。深圳市马峦山郊野公园便以"绿色马峦山，生态健康游"为主题，充分利用发掘自然资源优势，突出郊野公园自然之旅、环保之旅、友情之旅、安全之旅的理念。

深圳作为创新之城，有在全球率先打造这种近千平方公里的超大无界公园的胆识和魄力，让深圳的"绿"连起来，动起来，还城市一个完整的自然，一个与人口、经济规模相匹配的自然生态系统。深圳大鹏半岛国家地质公园充分利用大鹏半岛地质遗迹和海岸地貌等多种自然资源，体现独特的"水火共存、山海相依"的地质景观，以"国际性"为目标，将国家地质公园打造成辐射珠三角和港澳地区乃至全世界的，融科普教育、科学研究、旅游观光、休闲度假于一体的，具有科学内涵和科普价值的国家级自然类大型风景区，成为深圳新的绿色名片，为申报世界地质公园奠定坚实的基础。

除了绿色景观外，深圳还有可贵的海洋景观。在西部建设滨海休闲带的同时，对沿线的海水生态环境进行治理，明确规定不得进行污染排放，此外，还将外迁深圳湾沿岸的水产养殖场。近海岸线则采取人工种植红树林的办法，来涵养和净化近岸水质。以"高起点规划、高水平设计、建设世界一流的海滨公园"为出发点的大梅沙海滨公园，考虑到山·城·海的总体格局，将山景引到海边，将海景伸入山体，运用大尺度、大手笔的线形构图和丰富自由的空间处理，形成与海岸平衡的系列观景场地，充分体现了自然与人文的交融。大梅沙片区以海滨公园为引领，沿海岸线建梅沙栈道绿道，影响巨大，又修建近20km长的盐田海滨绿道，在东部沿海形成一个风景园林游憩线状优美空间。

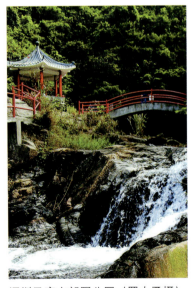
深圳马峦山郊野公园（罗小勇摄）

深圳大鹏半岛国家地质公园及博物馆（罗小勇摄）

深圳欢乐海岸北湖湿地公园（许初元摄）

深圳大梅沙海滨公园（刘必健摄）

区域绿道2号线深圳特区段（深圳市城管局提供）

区域绿道2号线大运支线段深圳市（城管局提供）

深圳湾绿道（蒋华平摄）

二、绿道满城，绿色生活

早在2005年，深圳在国内率先划定全市基本生态控制线，并出台《深圳市生态控制线规划》及管理规定，以此维护生态系统的完整性和连续性，保障城市基本生态安全。根据划定的控制线，深圳全市有近一半的土地被列入其中。深圳道路绿地系统的建设作为示范廊道，与外围环城绿带和郊野公园共同构筑城市生态安全格局。到今天，珠三角区域绿道网深圳段的建设，有效利用和发挥了这些生态控制区域的作用，供市民享用。深圳绿道总体选线基于生态敏感性和景观多样性分析，以构建生态安全网络为目的，以组建生态网络廊道的核心元素人、植物、动物作为规划建设的核心要素，利用绿道搭建区域生态廊道，连接针对不同动植物的生态核和破碎化的生态孤岛，恢复和强化深圳市生态网络。

2009年，深圳园林以珠三角区域绿地一体化规划和珠三角区域绿道规划建设为契机，重点打造了景色优美、野趣盎然、人文底蕴浓厚、高绿量等多样化特色的深圳市级、区域级、社区三级绿道。深圳如今逐步做到市民可在3~5分钟到达社区绿道，10~20分钟到达城市绿道，30~40分钟到达区域绿道，同时绿道网与铁路、空港、轨道枢纽均能便利接驳，极大地提高市民绿道出行的便捷度。深圳市绿道网不仅为市民提供一个游憩、休闲功能空间，更是要打造成全新的生态低碳生活空间，实现较为理想的慢行系统，从而通过绿道这样一种让人主动参与的方式深刻改变城市居民的生活方式。

三、景观水保，生态修复

深圳在本土研究基础上，提出景观水保学理论指导下的城市修复，实践案例分为五类，分别为山体修复、水体治理和修复、海岸修复、棕地修复利用和完善绿色基础设施系统。

福田河综合整治工程是水体治理和修复的典型案例。其以生态治理为指导思想，以满足河道防洪要求为前提，通过截排污水与初期雨水、利用再生水补水、水质净化

深圳湾公园一期（罗小勇摄）

改善、岸坡生态改造、景观绿化等措施，使河道水质得到明显改善，恢复河道的生态景观功能，并营造怡人的滨水休闲空间，为市民提供近水、亲水、赏水、玩水的环境，满足市民亲近自然与赏景游憩的需要。

深圳湾公园全长20km，属于景观水保学中海岸修复的类型。通过项目的实施，对深圳湾沿岸的生态系统予以全面修复，实现了可持续发展。深圳湾公园结合周边区域的可持续城市规划所形成的沿海建成区生态系统，平衡了环境与人类使用海岸线之间的关系，为滨海城市提供宜人的生态环境。更重要的是，其作为红树林自然保护区的延续，将湿地系统补充完整，维系和改善了包括上百种野生鸟类、本土红树林和各种湿地动植物的生态环境，为迁徙鸟类提供更广阔的栖息地；另一方面，沿海滨形成宽阔而连续的绿林带，为城市抵制自然灾害提供良好的缓冲地带，是海岸防护的重要屏障，有力地保障了城市的生态安全，形成城市生态良好格局的一个重要部分。

四、科学主导，形式创新

随着深圳城市基础建设的不断完善，一方面，城市的大挖大填改变了城市原有的地形地貌，直接破坏了地表植物，使得土地的抗蚀能力降低；另一方面，由于大量的开采石料，深圳曾经出现了669个废弃采石场（俗称山地缺口），山体及地表植被受到严重的破坏，水土资源一度遭到严重破坏。人为活动而产生的规划区范围内的水土流失现象，需要通过人工干预，来恢复水土，增强水土生态服务功能，维持城市生态

全国首个水保园建设成为新形式的示范(罗小勇摄)

系统安全。在这种情况下,水保园以创新的形式应运而生。

深圳水土保持科技示范园(简称深圳水保园)选址于深圳市南山区乌石岗废弃采石场,是遗留下来的典型水土创伤之一,基址具有城市水土保持示范的典型意义。作为全国第一座水土保持科技示范园,它以集治理水土、科学科普、科学研究以及寓教于乐于一体的科学类公园形式取得了空前的成功,同时还得到了国家主管部门及广大群众的高度评价。至此,国家开始号召在全国建设水保园,各省各市迅速开始结合地方特色建设起一大批水保园。

五、海绵城市,韧性构建

深圳从对城市的低影响开发到最终实现韧性城市经历了几个发展阶段。一开始在城市中引入绿道,形成绿道网络,串联起了城市与自然。随着深圳的快速发展,绿道网选线规划从最初仅强调慢行休闲功能逐渐向融合生态理论、城市更新改造等综合目标功能发展,其内涵日益丰富,外延不断扩展。通过对绿道的升级,建立起了各类绿地、绿廊、水系等自然、半自然、人工的多功能绿色开放空间,形成了相互联系的网络,稳定了城乡生态安全格局,提升了城市生态服务功能,同时也提高了社区和人民生活质量。

紧接着,绿色基础设施的引入,充分发挥了城市绿地、道路、水系等对雨水的吸纳、蓄渗和缓释作用,缓解了城市内涝,保护和改善了城市的生态环境。深圳以绿道

前海从海绵城市到绿色基础设施全覆盖和水廊道建设

网为基础，率先建设了水岸公园、社区体育公园、郊野公园、湿地公园等各类公园绿地。其中水岸公园的建设，为市民提供了生态涵养、生活休闲的场所，同时还能满足水岸的防洪、防灾减灾的生态功能。

现代城市在面对各种各样发展危机的同时，需要在综合规划中发展完善的基础设施，把危机的影响减至最低。深圳韧性城市的可持续发展，作为一种规划技术手段，提升了城市规划与城市空间灵活适应动态社会经济环境的能力。如前海深港现代服务业合作区景观与绿化专项规划，提出了深圳前海绿色基础设施全覆盖，以景观都市主义理论与前海实践相结合，立足"参数化"分析方法，科学系统地构建"六廊三带"城市绿色生态网络，承载城市绿地系统、生态廊道、生态水系统、绿色交通系统等多重功能，构建一个城市和自然共生的无缝连接体系。以"上善水城"为目标，打造蓝色水廊融汇的魅力之城，规划以绿色基础设施（含海绵城市）+绿色生态廊道+绿色开放空间+绿色交通网络多重体系互相渗透，营造绿色网络编织的生态之城，以特色鲜明的景观风貌控制，形成多彩路网营造的美丽城市。

六、结语

今日深圳，以发达的经济、多元文化的边缘和"新移民城市"、优秀的岭南自然文化原创土壤，滋养着这门古老而新锐的行业——风景园林深圳原创的发展东风正劲，一日千里。

今年，同是深圳特区成立38周年，有众多风景园林师及长期在风景园林行业从事规划设计的规划师、建筑师、工程师前辈参与了深圳园林建设，他们是孙筱祥、孟兆祯、刘家麒、郭秉豪、冯良才、叶金培、苏峰泉、沙钱荪、王全德、吴肇钊、宋石坤、周西显、黄任之、金锦大、梁焱、郭荣发、付克勤、曾宪钧等，他们为深圳留下的不仅仅是绿树成荫、鲜花遍地的公园城市设计之都，更是一代又一代深圳风景园林人的芳华。

深圳生态广场

设计单位：深圳市欧博工程设计顾问有限公司

项目地点：深圳华侨城

设计时间：1998 年

竣工时间：2000 年

用地面积：46000m²

总建筑面积：35000m²

容积率：0.76

建筑高度：10 ~ 15m

奖项荣誉：

　　广东园林优秀作品（第一批）

　　2011 年全国人居经典建筑规划设计方案竞赛活动获规划、环境双金奖

建筑创新点：

深圳 OCT 生态广场，是中国大陆第一个在城市中建造的运用雨水回收系统的"生态型"广场。20 年来，其静谧恬适的生活环境、温润如玉的生活气息，长久地吸引着、养育着一代又一代的深圳市民，成功营造起了一片人与建筑、自然和谐共生的城市公共生活空间。其建筑语言革命性地与"功能""环境"相呼应，既结合了华侨城区的原始地形条件，又联系了城市脉络和文化背景；从而在改善公共使用空间条件的同时，最大限度地减少了对环境的污染和破坏；是一个尊重自然、尊重土地，具有先驱性的公共建筑。

总体设计上，从生态与理性出发，着重研究地形坡向、高差及水流流向，将广场划分为自然景区与人工景区。在两者之间，有一条长为 400m 的自由曲线断裂带，以此为界，两类景区得以自然过渡，进而被流畅划分为六大区域。其中三部分为人工景区，根据标高不同，分别设有轻轨车站、下沉式广场，以及通过三段折线来布置的建筑群。其余部分则为自然景区，根据地势可进一步分为景观区与休息区，包括以圆形水池和瀑布场为中心的纪念性广场、由玻璃步行桥与水生植物池所组成的休憩空间及以叠水溪流水面等组成的自然山水空间。地形标高的变化是所有景区设计的依据，力求以最小的占地面积，达到公共使用空间的最大化。此外，采用最平直的建筑与景观语言，通过砖、木、玻璃、钢材等再循环材料，赋予整个设计现代感和未来感，并兼顾表达其地域性传统及精神内涵。

总的来说，广场建筑与景观群组，既是有机的理性建筑组合，也是充满浪漫情怀的生态建筑组合。OCT 生态广场在规划上更倾向于人文介入和"沟通伦理"的空间塑造；景观上突出表达了地域性的环境语言；建筑上则体现了柯布五原则，补色运用与环境相呼应，实现了空间的适度界定。

深圳市人民南片区道路景观改造工程

设计单位：深圳市市政设计研究院有限公司
　　　　　深圳市欧博工程设计顾问有限公司
　　　　　日本 GK Sekkei inc 设计公司

获奖情况：
2009 年度广东省优秀工程设计二等奖
深圳市第十三届优秀工程勘察设计二等奖

项目概况：

深圳市人民南片区道路景观改造工程项目总投资 3.3 亿元，工程始于 2003 年 8 月，于 2006 年 12 月竣工亮灯。整个片区以人民南路为主轴，由深南东路以南、沿河路以北、东门南路以西、建设路以东所围合的区域，总面积约 $1.4km^2$。本次改造包括人民南路、嘉宾路、南湖路、友谊路等四条道路市政改造、景观改造、交通疏解工程；国贸、海燕两个广场景观改造工程，10 栋重点建筑立面及群房改造工程，停车诱导、治安监控系统，片区微循环道路改造，行人标识系统，二层连廊步行系统等 11 项工程。

龙岗大道园林景观工程

设计单位： 深圳市市政设计研究院有限公司

获奖情况：
深圳市第十五届优秀工程勘察设计评选一等奖

概况：

项目是龙岗区城市发展主轴和经济发展动脉，也是重要景观廊道。道路长约 36 km，含 7 座立交、15 个高架站。绿化景观用地总面积约 136 万 m^2，总投资 2.5 亿。设计结合大运及龙岗文化，以"绿染龙城、花迎大运"为设计主题，以提升整体绿化档次、满足大运会期间景观效果为设计目标。项目的完成大大提升了龙岗的市容市貌。

深圳前海深港现代服务业合作区门户区提升工程设计

设计单位：深圳大地创想建筑景观规划设计有限公司
主创团队：袁俊峰　高若飞　卢建晖　陈君文　赵新周　熊发林
项目地点：深圳市前海
设计时间：2016年11月~2017年3月
设计面积：100hm²

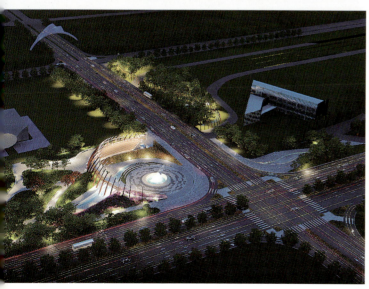

前海深港现代服务业合作区是国家深化改革战略的创新区，推动建设深港现代服务业集聚区、深港科技成果产业化平台和珠三角产业升级的引领区，是"特区中的特区"，前海入口门户形象以"时代领航员"为立意，体现我们的征途是星辰大海，实现中国梦的伟大理想，展现面向世界、面向未来的前瞻性的先进形象。项目是迎接香港回归20周年的重大项目，包括前海合作区前湾片区公共空间环境提升工程设计，设计面积约100hm²。设计目标为建设前海绿色生态基础、森林城区和风景大道，满足尖端人群聚集对高品质公共空间的要求。

深圳市光明新区行配区低冲击开发

设计单位：深圳市市政设计研究院有限公司
　　　　　北京建筑大学
项目地点：深圳市光明新区
设计时间：2010年
建设时间：2012年~2014年12月
项目规模：全长约5km
项目投资：1亿元

设计说明：

2010年9月，住建部将光明新区列为全国低冲击开发雨水综合利用示范区。项目作为"道路与开放空间低影响开发雨水系统研究与示范"的示范工程，是国内同期利用最新海绵理念建设的项目，为全国制定海绵设计标准及图集积累了经验，为全国海绵城市建设提供了参考、复制的经典案例。

深圳市宝安区雨水综合利用发展规划

设计单位：深圳市市政设计研究院有限公司
项目地点：深圳市宝安区（当时还含龙华新区）
项目规模：全区陆域面积 557.62km²（含龙华新区）
设计时间：2008 年

奖项荣誉：2011 年广东省优秀规划三等奖

设计说明：

城市缺水，同时伴随着每年受洪涝灾害损失程度不断增加，已成为制约社会经济可持续发展的重要因素。开发利用雨洪资源，不仅能产生较好的经济效益，而且有巨大的环境、资源、社会效益。

规划编制过程中借鉴国内外城市雨洪利用的经验，提出结合不同下垫面制定不同雨洪利用方案的建议，在国内最先提出城市道路建设的雨水利用思路及技术措施，为深圳市后续推进低影响开发示范区建设积累经验，为后续全国制定海绵城市城市建设技术体系提供经验借鉴。

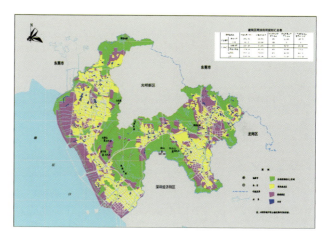

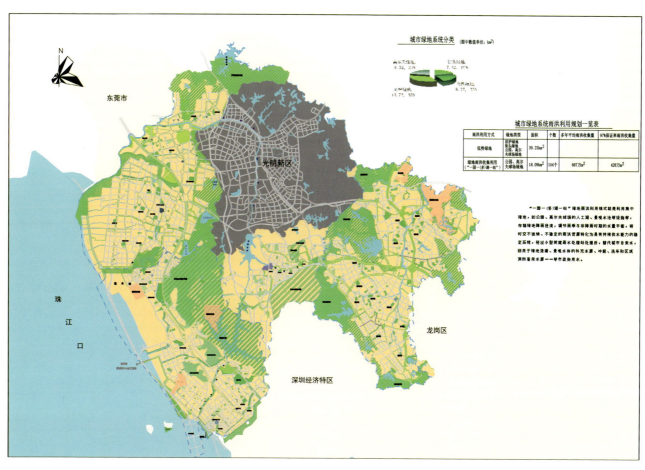

福田河生态景观整治与提升

设计单位：
深圳市北林苑景观及建筑规划设计院有限公司
深圳市水务规划设计院

项目位置： 深圳市福田区

项目规模： 40hm²

完成时间： 设计，2008～2012年；竣工，2012年

奖项荣誉：
"2014年国际风景园林师联合会（IFLA）杰出奖
2011～2012年度中国水利工程优质（大禹）奖
2015年度中国河流奖银奖
2013年度广东省优秀工程勘察设计奖三等奖
2012年深圳市第十五届优秀工程勘察设计二等奖
2013年第一届"中山万源杯"水土保持与生态景观设计三等奖
2015年深圳创意设计七彩奖、深圳创意设计优秀奖

福田河位于深圳市中心区东侧，是深港界河——深圳河的一级支流。治理之前的福田河河道功能单一，形态均一化；河流水体污染严重，河底河岸全部硬质化，"三面光"现象突出，河道护岸损坏现象较多，不但对生物的多样性造成严重影响，而且与其所处的公园环境严重不协调。

面对福田河存在的众多问题，设计团队结合中心公园的总体规划，提出按照"防洪护岸、截流治污、引水补源、绿化造景、重建生态"的原则，用自然元素表现自然，构筑自然，重建具有生物多样性的生态河流，营造"人与河流对话"的滨水休闲空间。通过截排污水和初期雨水、利用再生水补水、中水再净化、坡岸生态覆绿等措施，强化雨水蓄积与下渗，以缓解洪涝危害。同时，改善河流水质，恢复河道生态景观功能，使生态与防洪两者兼顾，将低影响开发的设计理念充分运用到整个河道建设当中。通过营造怡人的滨水休闲空间，福田河成为中心公园的生态水景，为市民提供亲水、赏水、玩水的环境，满足市民亲近自然与赏景游憩的需要。

如今，福田河沿线波光潋滟，流水潺潺，草木苁葱，鸟语花香，昔日令人掩鼻的"臭水沟"已水清岸绿，重现自然生机，成为联系深圳中心区两大公园的纽带和生态景观走廊。福田河综合整治工程圆满完成治涝、治污、水质改善、景观提升、绿道建设五大任务，成为国内河流治理与修复的优秀典范，为我国河流治理提供了有益的借鉴。

阳光棕榈园景观设计

设计单位：深圳市清华苑建筑与规划设计研究有限公司
项目地点：深圳市南山
景观面积：29102m²
主创建筑师：梁文硕
设计团队：周远鹏 鲁莉 贡兵 左振渊 徐平

项目简介：

  景观设计与规划布局紧密结合，重点打造宜人尺度的区前商业街道及宽阔的中央花园，精心设计的水体、建筑、雕塑、场地与不同的植物元素共同演绎艺术而接近自然的"诗意栖居"场景，项目建成后成为国内居住景观设计的经典之作，并获业界及住户的广泛好评。

深圳市 IBC 泛珠宝时尚经济总部景观设计

设计单位：深圳媚道风景园林与城市规划设计院有限公司
项目地点：深圳
设计时间：2018 年 1 月
景观面积：22387m²
主创设计师：洪琳燕 张伟福 黄 林 李凯历

设计构思：

钻石是星星散落在地上的碎片，钻石是爱情美好的见证。以钻石为元素引出"璨宇星空，钻动幸福"的设计理念。以"璨宇星空"赋予场地璀璨的视觉光辉与浪漫多元的艺术氛围，以经典爱情故事作为设计的主线，营造系列主题景观。

项目为双首层建筑。南面广场为靠近主要城市干道的主要形象展示界面，也是重要的商业主广场。因此结合台阶，下沉广场处设计了"真爱之戒"雕塑的景观节点，打造广场中心，成为项目名片式的记忆点。广场西面有企业形象的 LOGO 水景墙，打造企业形象。项目东广场为连接南北的过渡空间，建筑接地层少有商业业态，重点是高层建筑塔楼的办公大堂，因此景观处理比较简单，简洁的铺装结合"爱的足迹"灯光特效打造亮点，白天此处多为休闲空间。项目北广场多在消防通道和消防登高场地上，建筑接地层多为商业业态，因此此处打造成商业外摆空间，节点位置设计爱情主题雕塑。项目西广场重点是地下商业街出入口的下沉广场，位置属于商业的冷区。为了激活商业氛围，在下沉广场立面设计了攀岩活动区，利用台阶改造成了休闲阶梯。下沉广场上面的人防构筑物立面也设计了互动发光装置和大的休憩平台，希望能给该区域带来人气。

深圳市坂雪岗城市街道与节点绿化景观提升设计竞赛

设计单位：
深圳媚道风景园林与城市规划设计院有限公司
北京视域四维城市导向系统规划设计有限公司

主创设计师： 沈悦　洪琳燕　夏媛　宫凤启
　　　　　　　谢晓蓉　黄林　张伟福　刘楠
　　　　　　　王伟　郑雅婧

项目地点： 深圳市

设计时间： 2017年10月~2018年4月

设计构思：

坂雪岗科技城位于中国珠三角核心城市——深圳的中心咽喉位置，地处龙岗区西部，与龙华新区、福田区接壤，属于深圳特区扩容东进战略与城市中轴线交汇地带，其区位优势十分明显。未来将是深圳市融入粤港澳大湾区建设发展的重要节点，也是珠三角创智中轴的战略中枢。

项目设计理念为乐行公园道，智享慢生活，打造具有辨识性的道路景观，艺术与创新科技完美邂逅、舒适多元活力的绿色共享、展现城市形象与场所感的地标系统。方案策略为合理整合道路空间，打造以人为本、功能复合的特色公园道。设计各具特色的四大街区（坂雪岗大道、五和大道、坂李大道、贝尔路接吉华路），改善坂雪岗片区的空间雷同性与易迷失性，以特色景观增加城市空间的导向性。构建以公园道为骨架的城市生态网络，并建立与山体的连接，赋予生态网络多重功能，建立城市与郊野公园的连接。

乐普医疗总部基地景观方案设计

设计单位：
深圳媚道风景园林与城市规划设计院有限公司
主创设计师： 夏媛 洪琳燕 黄瑞华 王伟 陈婉玥
项目地点： 深圳
设计时间： 2017 年 8 月
用地面积： 23212.29m²

设计构思：
　　总部基地南侧为景观绿廊，东侧为石鼓山公园，景观资源较好；从建筑立面中提取出简洁、现代、对称的线条元素，采用变形提炼的设计手法运用于景观当中，打造一个开放、现代简洁、有韵律、生态的景观空间，以满足人们休闲娱乐、交流互动、工作洽谈、舒适散步、乐享生活的功能需求，同时与建筑风格协调统一。

第 3 章 公园绿地

深圳公园绿地 40 年总论（叶枫） /086

1— 深圳湾公园东西段规划设计 /096

2— 第二十六届世界大学生夏季运动会（深圳）大运中心、大运村、大运自然公园系列景观设计 /098

3— 深圳经济特区建立 30 周年纪念园（含莲花山公园南大门） /100

4— 深圳人才公园 /102

5— 深圳市野生动物园 /104

6— 深圳市燕子岭生态公园 /105

7— 深圳市坪山新区中心公园 /106

8— 福田区福安社区公园设计 /107

9— 珠三角绿道规划设计 /108

深圳公园绿地 40 年总论

· 叶枫　深圳市北林苑景观及建筑规划设计院有限公司院长、总景园师，风景园林高级工程师

一、建设成就回顾

1978 年 12 月中国开始实行对内改革、对外开放的政策，自此全国人民的生活发生了翻天覆地的变化，从乡村到城市面貌也随之日新月异。1979 年的春天，一位老人在南海边画了一个圈，从此改变了深圳这个昔日荒芜的南粤边陲渔村的命运，成为现代城市建设史上的一个奇迹。

深圳经济特区建立以来，在大规模开展城市建设、大力发展经济的同时，决策者高度重视公园绿地在城市规划、建设中的重要地位。在城市发展过程中，深圳始终将城市绿化作为改善城市生态环境，提高人居环境质量的一个重要抓手，坚持走"高起点规划、高标准建设、高效能管理"的道路，初步建立了与现代化城市相适应的"政府引导、市场运作"的城市绿化管理模式，基本形成了植物多样、绿量充沛、具有南亚热带海滨城市特色、整体水平达到全国一流的城市绿化格局。1980 年，深圳人均公共绿地仅有 $2.5m^2$，仅有 1 个水库公园。20 世纪 90 年代后期，各级政府对城市园林绿化事业更加重视，将其作为建设现代化国际性城市和加快经济发展的一个重要基础条件。1998 年，市委、市政府明确提出了要把深圳市建成为园林式、花园式现代化国际性城市。各区、镇、村都掀起了建设"一镇一广场"、"一村一公园"的热潮，至 2001 年底，深圳市基本完成镇、村广场和公园的建设计划。城市绿化覆盖率达 45%，人均公共绿地达 $14.5m^2$，全市公园已有 135 个。到 2004 年，全市有大大小小的公园 152 个，其中市级公园 18 个，区级公园 13 个，主题公园 14 个，镇村级和其他公园 107 个，总面积达近 $4700hm^2$。截至 2016 年，深圳建成区绿化覆盖率为 45.08%，人均公园绿地面积为 $16.04m^2$，全市建成绿道 2400km，登记在册古树名木 1600 棵，深圳市现阶段还大力推进屋顶绿化建设，面积已达到 $132.64hm^2$。

深圳，一座建在公园里的城市。从改革开放初期建设的首批 5 个公园，发展至今，已"坐拥"900 多个公园。到 2020 年，公园将达到 1000 个以上。公园总量不断增加，整体布局日趋合理，服务品质持续提升，各项公园绿化指标在全国大中城市处于领先地位。

经过多年科学的规划和发展，深圳在依山傍海的自然环境中，紧跟城市高速发展步伐，逐步构建起独具深圳特色的自然公园—城市公园—社区公园"三级公园体系"，确立了让市民500m可达社区公园、2km可达城市公园、5km可达自然公园的总体绿地系统，形成了"在城市中建设花园、在花园中建设城市"的格局。

深圳依托森林、湿地、绿地等资源要素，从区域层面和流域尺度，统筹生态一体化建设，精准开展生态修复工作，扩大和优化生态空间，构建互联互通、层次分明、生物多样性丰富的森林生态网络和绿色生态屏障。在山林海岸，建起森林郊野公园，构筑了城市的生态基底；在城市中央，各具特色的综合公园构成了城市的绿色躯干；在街道社区，数百个社区公园编织起深圳公园网络。而绿道如同城市的生态脉络，将一个个公园有机串联起来。

深圳公园在数量不断增加的同时，更着力于内在品质的精益求精。公园的景观、功能、文化和服务等多方面持续提升，在研究市民的需求中，寻求发展的新空间。为了提升公园品质，实现差异化发展，彰显城市的气质与特色，近几年来，一方面持续打造公园园林花卉特色，另一方面重点推进公园文化特色建设，着力打造深圳湾公园、人才公园、国际友好城市公园、体育公园、科技主题公园等一批特色公园。

2017年，深圳加大"创建国家森林城市、打造世界著名花城"步伐，全年建成了28条花卉景观大道、74个花漾街区、151个街心花园。针对世界著名花城的工作，深圳出台了《深圳市打造"世界著名花城"三年行动计划（2017-2019）》，以全市域为尺度，对标国际先进城市的"花城"景观，在全市营造花景大道、花漾街区、立体花廊、街心花园等不同尺度的植物主题花卉景观，形成一路一花的特色，努力打造"世界著名花城"新名片。全市各区在十八大、十九大生态文明建设思想指导下，加快实施绿化提升、公园建设、生态修复等一系列生态环境提升工程，努力将深圳打造成人与自然和谐共处的美丽中国典范城市。例如，福田区始终坚持高位谋划、高标准设计，同时引入行业协会开展监督管理，匠心打造中心城区。新落成的香蜜公园深受广大市民的喜爱，成为深圳又一地标性公园。在花城建设上，福田区聚焦花卉大道，聚焦重点门户片区。已完成香蜜湖路、益田路等精品道路的景观提升；广深港高铁福田站立体绿化成为深圳立体绿化标志性景观；华强北花漾街区、兴融街心花园用亲民的设计，缓和了城市节奏。南山区道路景观营造起步早，力度大，已形成一路一花的特色，前海路黄花风铃木、南海大道宫粉紫荆每年春天惊艳亮相，已成为该区名片。南山区在工作上创新地引入代建制，通过购买服务增强技术力量，高品质开展建设。新建的深圳湾

图 1 深圳福田红树林生态公园

图 2 深圳华侨城国家级湿地公园

公园西段、人才公园成为南山公园绿地建设的新坐标。龙华区围绕"时尚创意城区、中轴生态花城"的城市定位，发挥"三面环山、一水贯城"的生态优势，着力打造重要节点、生态绿廊、民生绿道，构建"一环一廊一山一河"绿色格局，用"绣花"理念编织花卉大道、街心花园。坪山区以"串景连园"的方式，打造通透舒展的花卉景观大道，街心花园设计新颖、亲切宜人。该区结合自身特色重点打造山林花海、花田。聚龙山四季花海各色花树轮番开放，争奇斗艳，牛角龙花田犹如一幅色彩缤纷的大拼图，壮观美丽。光明新区充分发挥"山、水、林、田、湖"等特色生态优势，重点打造城市景观大道、妆点门户节点。新区专门成立城市品质提升专家咨询委员会，对景观大道设计、施工严格把关。光明大道、光侨路等花卉景观大道疏朗通透，微地形变化丰富，花卉景观沿着道路延绵伸展，蔚为壮观。

　　除了着力推进城市公园建设，深圳还注重公园内涵的提升，加强文化方面的融入。借鉴香港和国际成功经验，先后推动 20 家绿色公益组织成立了深圳绿色生态公益组织联盟。加强与深圳市红树林基金会、世界自然基金会等社会组织的合作，积极探索社会力量深入参与自然教育模式，率先在国内创立首个自然学校，建设福田红树林、深圳湾公园、侨城湿地、仙湖植物园等 9 所自然学校（自然教育中心），年均组织活动 800 多次，服务市民 6 万多人次，以公园为依托打造自然教育之城。同时还加强生态文化设施建设，推进中国红树林博物馆前期工作，启动大鹏半岛区域性生态文化体验综合体的规划。突出文化内涵，弘扬湿地文化、森林文化和海洋文化，开展全方位、高密度、深层次、广辐射的主题宣传，突出打造了公园文化周、森林音乐会、梧桐山赏花会、登高节等深圳特色森林文化品牌，"创森"理念深入人心，共建共享的森林城市氛围浓厚。通过高水平筹办第十九届国际植物学大会、首届国际森林城市大会、首届海峡两岸暨香港澳门黑脸琵鹭自然保育论坛，深圳市的国际绿色声誉显著提升。这些都得益于深圳近40年坚持不懈、不断进步的城市公园绿化建设与管理。

在不远的未来，深圳将形成结构布局合理、功能完善、景观优美、主题突出、艺术鲜活、文化丰盈的公园体系。正在向现代化国际化创新型城市迈进的深圳，将以建设花园式国际化城市为视野，以国际著名公园为标杆，逐步形成"公园之城"的"深圳风格"和"深圳品牌"。

二、发展综述

伴随着深圳特区建设近40年的历程，深圳公园绿地围绕着"开拓创新"之魂，在兼收并蓄，博采众长的基础上，继承和发扬传统风景园林艺术，引进、消化、吸收和推广国内外先进技术，已逐步形成自己的特色和风格。大致可分成四个阶段：

第一阶段：20世纪80～90年代

特区建设伊始，深圳市在完成第一次城市总体规划后，就开始着手园林建设，首当其冲的是进行公园绿地规划设计。在20世纪80年代初期，在深圳市党政领导的关怀和支持下，北京林业大学的园林专家组来到了这片沃土，和特区的第一批创业者们共同讨论了深圳市的城市绿地和公园布局，先后承担或参与了深圳市七大公园总体规划（仙湖植物园、荔枝公园、东湖公园、儿童公园、人民公园、莲花山公园、中山公园）和三大公园的设计（仙湖风景植物园、东湖公园和荔枝公园），同时还承担了原市政府西侧红云圃（现市老干部活动中心）、南山山顶公园、锦绣中华等项目的总体设计，对深圳城市公共绿地体系的确立和建设起到了重要的作用。由建设初期的孙筱祥教授和孟兆祯教授（中国工程院院士）主持以及园林建筑专家白日新教授、园林建筑结构专家黄金锜教授、园林规划专家杨赉丽教授等组成的专家组，先后对特区的园林建设作出了重要贡献。现已是国内首位风景园林勘察设计大师的何昉是当时专家组里最年轻的成员，并作为设

图3 深圳大鹏半岛国家地质公园

图 4 深圳仙湖植物园

计总代表驻进深圳仙湖植物园工地。1992 年改革开放的总设计师邓小平同志来到仙湖植物园参观后也感慨地说道："这里的风景真优美"，这是对深圳公园建设成绩最大的肯定。

在"文革"结束不久的 20 世纪 80 年代初，市政府领导经讨论，将 3 大公园的园林建设及园林建筑风格分别定为当代中国的 3 大传统流派。这对当时拨乱反正，弘扬中国文化有积极意义：仙湖植物园的园林建筑采用北方园林的风格；荔枝公园采用岭南园林的建筑风格；而东湖公园采用江南园林的建筑风格。在仙湖植物园的规划设计中更是进行了大胆创新，在国内第一次按风景资源来指导规划设计，"巧于因借、因境成景"，将自然和人文景观融为一体。其中仙湖植物园的规划设计与建设获得了广泛的好评，获 1993 年深圳市设计一等奖、1995 年度城乡建设部优秀设计三等奖。深圳市荔枝公园由广州市园林院进行方案深化和施工图设计，以轻盈别致的岭南派风格营造细腻深远的自然风景式园林（在 1993 年和 1996 年分别由北京林业大学园林规划建筑设计院深圳分院分别进行盆景园二三期扩建和荔枝阁的改造，以迎接 97 香港回归）。深圳市东湖公园是深圳特区成立前唯一一个开放的旧公园，1984-1985 年进行了第一次规划由北京林业大学规划设计专家组完成（深圳北林苑前身），以后又陆续设计了多处景点，如匙羹山、盆景园、门球场、杜鹃山等，2005 年北林苑又完成第二次规划修编。其他几个市级公园在早期规划设计的基础上，也进行陆续修建完成，并初具规模相继开放。

1987 年，北京林业大学规划设计专家组又完成了中国第一个主题公园"锦

图 5 深圳大梅沙海滨公园

"绣中华"缩微景园总体设计，作为旅游资源产品创作，她以一种旅游活动内容的方式，以公园景区形式来展示。同时配合原生态环境结合休闲娱乐内容。"锦绣中华"园区占地 30 万 m^2，建有 80 个景点，是一处独具匠心的主题公园。

第二阶段：20 世纪 90 年代到 2000 年

1992 年邓小平同志"南巡"讲话为深圳的发展注入新的动力，迎 97 年香港回归、迎 99 年澳门回归和新中国成立 50 年等重要事件将深圳的公园绿地建设推到一个新的高度。

1999 年的迎新中国成立 50 年"十大工程"建设掀起了城市建设的新高潮。中心公园的建设被列为 1999 年深圳市政府的"一号工程"，中心公园的高水平设计，高质量施工，代表了迎接千禧年的生态公园建设的新理念，北林苑为深圳中心区域园林建设又添重要一景。

同时期大梅沙海滨公园的规划设计和建设最引人注目。作为市政府民心工程，优质的环境、高素质的配套以及大梅沙公园崭新的设计语汇，成为 99 年深圳人津津乐道的话题。东部新区盐田区建区初期就从环境建设入手，"大梅沙海滨公园"建设规划打响了深圳海岸线整治的第一枪，从元旦开始北林苑接受规划设计任务，到大年初一全面开工至五一劳动节公园全面开放，在市区有关领导的亲自指挥下，北林苑人奋战元旦、春节、劳动节三大假日，一百二十多个不眠之夜，体现了新的"深圳速度"。曾在当时任国务院总理的朱镕基和人大委员长的李鹏两次视察大梅沙给予高度评价，两院院士周干峙、吴良镛也在参观后评价为具有国际水准，北林苑因此获得深圳市东部黄金海岸一期工程建设先进单位优秀奖，广东省优秀规划设计工程一等奖，中国风景园林学会优秀园林工程一等奖。

该时期同时也是深圳主题公园建设的高潮。深圳华侨城继锦绣中华（北京林业大学等单位总体设计）之后，三大主题公园——民俗村（天津大学等单位总体设计）、世界之窗（北京建工学院、天津大学、北京林业大学等设计）、欢乐谷主题公园（北林苑完成景观设计）陆续开业，深圳野生动物园、小梅沙海洋公园、南山青青世界等相继建设。这些主题公园以商业模式运营，对发展新时代的旅游产业，繁荣市民娱乐体验文化起到极大推动作用，是走向开放的中国旅游业发展的一个里程碑。以清华大学概念规划、深规院详细规划、东南大学深圳设计分院设计的西部田园风光项目为政府开发建设主题公园做了新的尝试。自此，深圳主题公园成为国内外游客到深圳的必游景点。

第三阶段：2000 年到 2011 年前后

该阶段是深圳公园建设逐步走向成熟的时期。以深圳北林苑为代表的一批本土风景园林设计企业致力于打造有地域原创精神的景观作品，一方面得改革开放的风气之先，率先使用了先进的技术和引进国际高水平的设计理念，一方面在设计实践中，追求的美学目标与当地的生态需求和历史文脉取得平衡并互相融合，设计出大量扎根于当地土壤的、有生命力的、经得起历史考验的优秀作品。也同时代表深圳"设计之都"的品牌走向国内外，在各地开花结果。

莲花山公园伴随着深圳福田中心区如火如荼的建设拉开了中心区公园绿地建设的序幕。2003 年在国际竞赛中标后，深圳北林苑与美国 SWA 公司联合体确定以"遵照场地启发规划的方式，建立活的博物馆"为莲花山公园的设计理念，全面恢复本地植被群落和构建生物廊道，致力使其成为深圳新城市中心区的生态绿核。深圳市朝着建设生态园林城市的目标迈进，绿地的功能体现国际先进的生态理念，如丰富物种的多样性，建设生物通道，实现开敞空间优先等。市政府先后出台了多项措施保证深圳的绿地完整和有序建设。2000 年以后，深圳借鉴香港郊野公园的建设模式，在深圳划定 21 个郊野公园，并且陆续开始建设；2004 年以后随着深港一体化的步伐加快，深圳湾的滨海规划进行国际招标，美国 SWA Group、北林苑与中规院深圳分院经过近 8 年的持续跟进，共同打造出深圳湾公园东段这一代表滨海城市高品质的公共空间。2011 年前后，深圳经济特区建立 30 周年纪念与 2011 年第二十六届世界大学生夏季运动会等重大城市事件加快了特区内外一体化进程与生态城

图6 深圳中心公园

建设步伐、全面提升城市文明水平与基础设施水平。北林苑有幸担纲了深圳经济特区建立30周年纪念园项目设计，该园以"园中园"的形式选址于改革开放总设计师邓小平雕像脚下的莲花山公园内，深圳市公共艺术中心承担园中体现深圳特区发展三个历史阶段的雕塑。2010年9月时任总书记的胡锦涛同志在纪念园中亲手种下一棵金桂树。以"春茧"体育中心、龙岗大运中心等大运会体育设施为核心的公园绿地如大运山公园纷纷建成。大运中心、大运村所在的龙岗区101个新建、改造公园、广场全面对市民开放，大运山公园是其中的代表，也是大运会配套公园，是一个赛时服务于大运会、赛后服务于广大市民及游客的大型体育生态公园。以健康活力为主线，集纪念、休闲、运动、集会、展示为一体。同年，"迎大运市容提升"、绿道建设工作全面展开，进一步加快、提升深圳各级公园建设。

在此期间，境外设计公司纷纷进驻深圳风景园林设计市场。由北林苑率先邀请的美国SWA Group来深圳参加大梅沙片区规划，带来了国外先进的规划设计理念和丰富的实践经验，之后，美国易道、Sasaki、英国Atkins、法国欧博（华侨城生态广场设计）、加拿大奥雅、贝尔高林（香港）、日本设计（福田中心区南中轴）等分别参与了多个城市景观项目，使深圳的风景园林设计市场走向多样化和国际化。

第四阶段：2011年以后

深圳随着经济的迅猛发展、城市转型升级，其城市定位不断提升。深圳市委六届九次全会首次提出"全面对标全球最高标准，到21世纪中叶，成为竞争力影响力卓著的创新引领型全球城市"。这是深圳继在2010版城市总体规划被定位为"全国性经济中心城市和国际化城市"，在国家十三五规划中定位为"国际科技产业创新中心"，在全国海洋经济发展十三五规划中定位为"全球海洋中心城市"之后，城市定位的又一次跃迁。依托粤港澳大湾区建设全面升级的城市定位为建设高品质的城市空间提供了强有力的物质保障、也对公共空间建设的质量提出了更高要求。2017年被确定为深圳"城市质量提升年"，这意味着深圳城市规划、建设和管理等各方面工作，都要围绕质量提升开展，始终坚持深圳质量、深圳标准的引领地位，"深圳速度"向"深圳质量"迈进。

深圳三个挂牌国家级的公园——梧桐山国家级风景名胜区、大鹏半岛国家地质公园、华侨城国家级湿地公园是对深圳在生态资源保护与建设工作的高度肯定，北林苑参与承担了这三个国字号公园的规划设计。这个阶段还涌现了深圳湾公园西段、南山人才公园、福田香蜜公园等一批对标国际先进水平的高质量城市公园。深圳湾公园西段是北林苑联合美国SWA Group、中规院深圳分院继深圳湾公园东段之后的又一力作。2014年，南山区就深圳湾公园西段项目进行国际招标。2015年，专门成立了西段建设指挥部，要求高标准设计、高质量建设深圳湾公园西段。经过一年多的国际招标、方案设计及用地协调过程，2015年10月，深圳湾公园西段正式开工；2017年6月，历时640多天的深圳湾公园西段工程全线完工，增加绿量108hm^2，每年的候鸟种群数量稳定在200种左右，其中包括黑脸琵鹭在内的国家重点保护动物23种，来此越冬的迁徙鸟类多达十万只；

图7 深圳人才公园

图8 深圳湾公园（东段）

沿线聚集了腾讯、阿里巴巴、百度等众多知名企业，形成一条超万亿元的经济发展核心区域。至此，深圳湾公园东、西段完美连接，一道长达16.2km、沿线分布22个主题公园的"城市飘带"蜿蜒在深圳湾畔，将鹏城两个城市中心揽入怀中，一个世界级的魅力湾区从此流光溢彩。与深圳湾公园相连的人才公园由法国欧博设计，公园从"人才赋予公园灵魂，公园彰显城市精神"的理念出发，通过将大量的人才元素融入自然景观的方式，打造出内涵丰富、景观多元的现代化滨海公园，并与16公里深圳湾公园相呼应，组成一幅景观错落有致、层次分明的滨海风景画。香蜜公园集生态休闲、花卉园艺、文化生活、科普教育、体育运动于一体，体现"海绵城市"理念与城市文化记忆等亮点，由铁汉生态精心施工而成。

40年是深圳从新生迈入成熟阶段的全部历史，也是中国改革开放破冰时代的典型缩影。回顾深圳公园绿地建设的发展历程，从全国第一个风景式植物园——仙湖植物园、第一个主题公园——锦绣中华、第一个经专业园林规划设计的郊野公园——马峦山郊野公园，到最新的深圳湾公园、人才公园等，引领了全国的现代风景园林实践的过程，率先奏响新时代风景园林的华美乐章。

注：文中部分数据资料来源于深圳市城市管理局。
图片出处：图1、图2、图3、图6、图8、图9由深圳市北林苑景观及建筑规划设计院有限公司提供，图4由深圳市城市管理局提供，图5由刘必健摄，图7由李牧聪@AUBE摄

图9 深圳湾公园（西段）

深圳湾公园东西段规划设计

设计单位：
深圳市北林苑景观及建筑规划设计院有限公司
美国 SWA Group
中国城市规划设计研究院深圳分院
深圳都市实践设计有限公司
深圳市勘察研究院有限公司
长江航运规划设计院
中交水运规划设计院
林同棪国际工程咨询（中国）有限公司

项目地点： 深圳市福田区、南山区
项目规模： 东段 9.6km，西段 6.6 km
完成时间： 东段 2011 年，西段 2017 年

奖项荣誉：
2018 年美国风景园林师协会（ASLA）德州分会荣誉奖
2012 年美国风景园林师协会（ASLA）德州分会荣誉奖
2012 年国际风景园林师联合会（IFLA）杰出奖
2013 年度全国优秀工程勘察设计行业奖园林景观一等奖
2013 年度全国优秀城乡规划设计奖一等奖
2011 年广东省岭南特色规划与建筑设计评优活动岭南特色园林设计奖银奖
2013 年度广东省优秀工程勘察设计奖一等奖
2012 年深圳市第十五届优秀工程勘察设计一等奖
2013 年中国人居环境范例奖

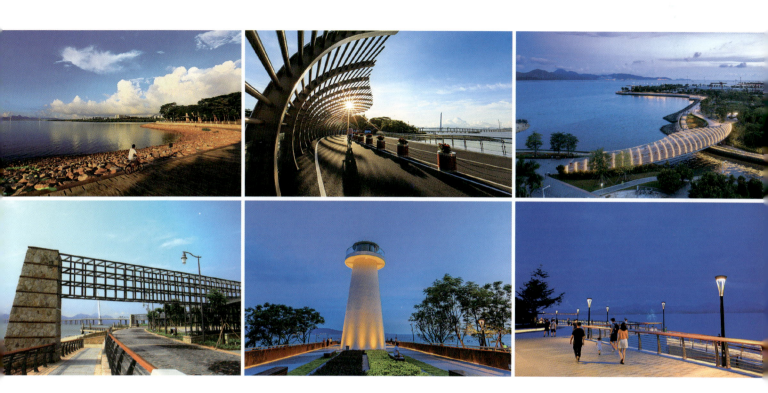

深圳湾公园东西段规划设计立足于"湾空间"独有的地域特征，建立与周边城市绿地系统的衔接，在公共活动最密集地段和生态高敏感度地段建立有机的联系，营造丰富多样的"湾景观"和"湾生态"，创造高品味的滨海休闲公共空间，引导市民的"湾生活"，提倡新时代的"湾文化"。

东段深圳湾公园东起红树林海滨生态公园，西至深圳湾口岸南海堤，设计有13个不同主题的区域公园，通过完善的景观系统、步行系统、自行车系统和游憩设施系统将其串联在一起，构筑一个形态完整、功能完善的生态体系——环深圳湾大公园系统和一个概念明晰的公共滨海地带，实现人类与大自然的亲密"连接"。西段分为D段（中心河至海监码头段）、E段（海监码头至蛇口山段）、F段（半岛城邦至南海玫瑰园三期段）和G段（码头公园至海上世界段），以"项目连接的意义"和"场地分段的多重属性"为主题，传承东段的设计思路，连接城市山海、连接人们的生活、连接街道与海岸；根据场地属性进行精细化的设计和营造丰富段落化的海岸景观，采用人车分流和静态休闲停留空间相辅相成、高效共融的方式，通过设计确保步道、自行车道、巡逻道的全线分离，实现对现状狭窄线性空间的高效利用；将"隐城之文化廊道"的概念融入项目，通过解码蛇口的城市人文基因，打造一条场所多元丰富的人性化休闲岸线，兼具东西文化特色并体现地域的历史底蕴，彰显鲜明的滨海生活人文主题。

建成后的深圳湾公园东西段，集城市日常性文化、运动、旅游、休闲等功能于一体。海岸边，丛林闭合有致，鸥鹭翔集；休闲带上，人群三三两两，或行或坐，形成人与自然和谐共处的动人画面，成为市民欣赏城市滨海景色的"观景台"，不仅为市民和游客提供集休闲娱乐、健身运动、观光旅游、体验自然等多功能活动的区域，更成为展现深圳现代滨海城市魅力和形象的标志。

第二十六届世界大学生夏季运动会（深圳）大运中心、大运村、大运自然公园系列景观设计

项目规模： 大运中心 52 hm²，大运村 92.6 hm²，
大运自然公园 819 hm²

完成时间： 设计（2009～2011年）；竣工（2011年）

设计单位： 深圳市北林苑景观及建筑规划设计院有限公司

大运中心合作单位： 德国 GMP 建筑师事务所

获得奖项：

2013 年全国优秀工程勘察设计行业奖园林景观一等奖

2013 年广东省优秀工程勘察设计行业奖园林景观二等奖

2012 年深圳市第十五届优秀工程勘察设计行业奖园林景观二等奖

2012 年广东省岭南特色规划与建筑设计铜奖

深圳大运会体育中心位于龙岗区奥体新城核心地段，西接铜鼓岭、神仙岭山体，东望龙城公园。"两山镶玉"的格局造就了大运中心自然的山水环境，在景观设计过程中，将代表抽象自然的哲学元素转换为具体的景观元素如"地形""水""乡土材料""文化"等，营造具有传统文化内涵、现代景观特色的簧运之园。大运中心"一场两馆"以"石"为寓意，借"水晶石"为建筑的设计主题，设计出建筑的独特造型，赋予整个建筑群灵动的色彩，与环绕场馆的广阔公园绿地、大运景观湖、周围的铜鼓岭山体，构成一幅美妙的山水画卷。

大运村（信息学院）与大运中心一路之隔，景观设计体现其节约办赛事的要求，以及大运村的赛时使用，同时也考虑赛后能迅速转化为校园的使用需要。大运村的景观规划，以大学校园的景观使用需求为核心，整体尊重场地现状的自然条件，营造山水校园、生态校园、活力校园和人文校园，让人工环境融入自然，为师生们提供亲切宜人、生机盎然的优美环境。

大运自然公园位于龙岗体育新城西侧，规划着眼于"大生态""大景观"的视野，将周边重要区域如大运中心、大运村、国际自行车赛馆等联系在一起，形成一条绿色通廊。设计充分体现世界当代大学生的整体精神风貌，将青春的元素融入公园的设计之中，很好地反映大运会运动主题，同时重点结合现有地形，营造与山地自然空间紧密相融的运动空间，鼓励市民开展各种规模山地运动，让人们在运动的同时感受到四季演替的自然之美。

深圳经济特区建立 30 周年纪念园（含莲花山公园南大门）

设计单位：深圳市北林苑景观及建筑规划设计院有限
公司（园林规划设计）
深圳市公共艺术中心（雕塑设计）

项目地点：深圳市福田区

项目规模：3.2hm²

完成时间：设计（2010 年 2～5 月）
竣工（2010 年 8 月）

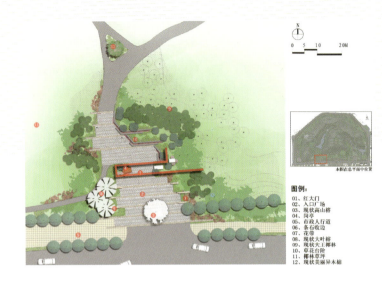

2010 年，是深圳经济特区成立 30 周年。30 年峥嵘岁月，30 年奋斗华章，从边陲小镇到现代化国际大都市，深圳走过了不平凡的历程。为纪念这一特殊时刻，深圳市委市政府决定在莲花山公园东南角采取"园中园"形式建设"深圳经济特区建立三十年纪念园"，作为向改革开放 30 周年的献礼，并对公园主入口（以下称南大门）区域进行改造提升。

纪念园空间组织以"圆"为构图中心，暗合当年小

平同志画下的"特区之圆"。自入口顺时针蜿蜒流动的弧线空间顺应地势叠落、交融,环草坪向外依次布置波浪形场地、浮雕墙、园路、榕树群等,与周边园景融为一体,希望利用简约的构图关系创造丰富的景观体验。

入口朴拙粗犷的景石左右一主一配,其形犹如破土崛起,寓意建设之初的开拓者们杀出一条血路的勇气和魄力。"三段浮雕景墙、三首特区之歌、三十棵纪念树"犹如凝固而又生动的主题音符谱出特区和谐乐章。

南大门为纪念特区建立30周年而建,设计取意"改革开放之窗","中国红"的大跨度钢架结构体系,以折线形式一气呵成,蜿蜒成精致景框,象征深圳一路走来的这30年不平凡的历程,喻示深圳是我国改革开放的精彩缩景;红色线条充满灵动又饱富阳刚,象征特区红火热烈、蓬勃发展,隐喻了深圳30年改革开放的先锋之旅,同时向人们打开透视"深圳记忆",展望"深圳未来"的窗口,为而立之年特区带来一派绚红和希冀。

"中国红"的南大门饱含东方礼庆色彩,让流连公园美景的人们多一份驻足,多一份思考,多一份祝福,呈献给这座而立之年的年轻城市。

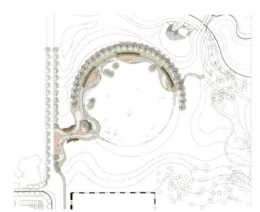

深圳人才公园

设计单位：深圳市欧博工程设计顾问有限公司
项目地点：深圳市南山区后海片区
设计时间：2012年
竣工时间：2017年
用地面积：777000m²
建筑面积：4939m²
水体面积：320000m²
硬质面积：87000m²
绿地面积：325000m²
绿化率：77%
停车位：191个+5个大巴车位

建筑创新点：

深圳人才公园是在全球人才持续涌入深圳的大背景下，产生的中国第一个以褒奖和激励人才为主题的公园。公园重新连接后海中心城区和深圳湾滨海带，是深圳最受欢迎的公共开放空间，并持续影响着城市。沿湖展开的不同尺度空间，成为时间和城市生活的剧场，每天上演着各种行为，活动、展览、休憩、运动等。在公园中，城市与人、与自然达到了完美的平衡，兼顾雨洪管理和生境营造，表达了城市对人、对自然的尊重态度。

公园位于深圳土地价值最高的后海片区，场地最早是大海，2004年填海以后至2017年，一直处于封闭状态，是隔断中心城区与深圳湾滨海带的一道屏障。现如今，曾经的屏障变成了一个极富活力、广受市民欢迎的城市公共开放空间。作为后海超高层建筑区域内仅存的城市绿地中最大的一块，是高密度城市与自然环境的过渡带，人才公园的今生，已然成为一个高度融于城市生活的绿色公园。

深圳市野生动物园

设计单位：深圳市市政设计研究院有限公司

获奖情况：

　　1995 年广东省级优秀设计三等奖

　　1994 年深圳优秀工程设计一等奖

中国第一家野生动物园，建于山清水秀的深圳西湖畔，占地约 120hm²，是深圳十大景点之一。1991 年 12 月完成设计，1993 年 9 月开始运营。

深圳市燕子岭生态公园

设计单位：深圳市市政设计研究院有限公司

获奖情况：

　　2011年度全国优秀勘察设计行业奖市政公用工程三等奖

　　2011年度广东省优秀工程设计二等奖

　　深圳市第十四届优秀工程勘察设计二等奖

　　项目位于深圳市坪山新区，东靠荔景路，西至规划龙坪路，南接坪山河，北邻金牛路。项目用地面积约52hm^2，建设总投资约3000万元。工程始建于2007年9月中旬，于2009年3月底竣工验收合格，同年7月投入使用。

深圳市坪山新区中心公园

设计单位：深圳市市政设计研究院有限公司
获奖情况：深圳市第十四届优秀工程勘察设计三等奖

项目位于深圳市东北部，大工业区的行政中心区内，地处深汕大道与丹梓大道交叉口，占地面积约 23.2 万 m^2，工程投资约 7000 万元。项目始于 2007 年 7 月，2008 年 12 月竣工。

福田区福安社区公园设计

设计单位：
深圳媚道风景园林与城市规划设计院有限公司

主创设计师： 沈 悦　夏 媛　洪琳燕　卢 晓
　　　　　　　刘 楠　黄 林　段淑卉　秦 捷
　　　　　　　谢晓蓉　郑雅婧　等

项目地点： 深圳

设计时间： 2018 年

用地面积： 5533.55m²

设计构思：

此方案设计定位为展现中心城区现代花园风光，提供便捷穿越、友善停留、自然体验的中央办公休闲绿地。开放友善关怀：无边界、渐入式场地；丰富多元场所：禅意景观，引人思索；幽静舒适自然：林地保留，依绿而憩；美丽世界花城：花境营造，休闲观景。这是设计遵循的四大策略。项目的创新点在于以圆融为主题，给办公人群带来心灵上的沉静和启发人思考的处世态度。空间对比清晰，有大小空间的划分，活动规划明确。整体风格简洁但不失神韵，在简洁中体现出细节。家具设计风格统一，有趣味性。另外，植物设计上对现状进行评估，保留现状树型完整、观赏性较高、冠大荫浓的乔木。根据景观和功能的定位，形成"三区"各具特色的植物景观，采用点、线、面等设计手法，将植物景观生态、娱乐、活动及户外办公、休闲融为一体也是一大亮点。

珠三角绿道规划设计

设计单位：
　　深圳市北林苑景观及建筑规划设计院有限公司
　　广东省城乡规划设计院研究院
　　广州市城市规划勘测设计研究院
　　广州地理研究所
项目规模：9048km
完成时间：设计（2010年）

获得奖项：
　　联合国人居署"2012年迪拜国际改善居住环境最佳范例奖"全球百佳范例称号
　　2012年中国人居环境范例奖
　　2012年全国优秀城乡规划设计奖一等奖
　　2013年海峡两岸与香港、澳门建筑设计大奖卓越奖（深圳段）
　　2011年广东省优秀城乡规划设计一等奖

珠三角绿道网以珠三角资源本底和城乡发展布局、生态环境保护、区域交通网络建设等为基础，结合各地市发展意愿，按照生态优先、路线贯通、便利使用、工程可行等原则拟定了珠三角绿道网总体布局方案。

珠三角区域绿道网由六条区域绿道构成，其中经过深圳市的区域绿道有两条，包括2号区域绿道和5号区域绿道。深圳区域绿道总长度约340km，规划绿道网形成"四横八环"的组团－网络型结构，实现以区域绿道为骨架，链接生态资源、彰显城市滨海特质、展现特色风光、强化城市空间意向等目的。深圳市区域绿道网与东莞、惠州两市设计的交界面共3处。同时，为与区域生态休闲网络衔接，区域绿道2号线还预留了与香港各个公园的交界面，形成粤港绿道一体化，实现与香港公园系统的全面对接。

按照广东省建设厅"一年基本建成，两年全部到位，三年成熟完善"的工作指示，深圳市率先启动白芒关－梅林示范段23km的设计建设工作，同时，全面铺开深圳2号区域绿道二线关全线、大运支线以及5号区域绿道的规划设计工作。在绿道规划设计中，本着自然生态的原则，将绿道与大环境协调统一，避免区域的生物链断裂，将绿道自然融入绿色大背景中，实现真正的"绿"道。同时，结合其场地特有的人文和历史背景，充分考虑场地的艺术美感和文化内涵，在二线关保留沿线铁丝网，展示岭南地区多品种多花色的攀援植物，如市花簕杜鹃，形成一条充满韵律感和美感的花道；以低碳和再生利用的思想为指导，在深圳区域绿道设计中全面使用废弃材料，如废弃车厢、集装箱、轮胎、铁轨、枕木等。

第 4 章 市政工程

深圳市政建设40年总论（陈宜言）　/114

1- 深南路路面修缮及交通改善工程（深南路交通改善续西段）　/118
2- 北环大道（银湖立交—港湾大道段）路面修缮及交通改善工程　/119
3- 南坪快速路二期工程　/120
4- 深圳市彩虹大桥　/121
5- 深圳东宝河新安特大桥　/122
6- 深圳市岗厦北综合交通枢纽工程——深圳市彩田路钢便桥装配化施工架设工程　/123
7- 深圳市轨道交通4号线二期工程上梅林站　/124
8- 深圳市城市轨道交通11号线高架站　/125
9- 深圳市城市轨道交通7号线深云车辆段　/126
10- 北环电缆隧道配套工程　/128
11- 深圳光侨路综合管廊　/129

深圳市政建设 40 年总论

陈宜言　深圳市市政设计研究院有限公司董事长，全国工程勘察设计大师，
　　　　教授级高级工程师

市政基础设施如同骨骼和血脉，承载着城市的发展，体现了城市的品位、活力、风格和潜能。深圳自 1980 年成立以来，坚持"高标准规划、高质量建设、高效能管理、高水平经营"的原则，宏观着眼，微观着手，不断优化城市环境，历经 40 年栉风沐雨，砥砺前行，不断发展壮大，让昔日边陲小镇一跃成为举世瞩目的国际化大都市。市政建设从无到有，从量变到质变，历经起步建设、高速发展、规范发展和提质增效四大阶段，创造出许多具有深圳特色的市政工程，留下了众多载入史册的精彩瞬间，极大地推动了深圳的现代化建设和改革开放进程。

如今的深圳，正以改革开放 40 周年为新起点，坚持"世界眼光、国际标准、中国特色、高点定位"，围绕经济特区、粤港澳大湾区、"一带一路"交通枢纽和全球科技产业创新中心等建设，高标准完成新一轮城市总体规划编制，着力在环境、前海开发开放、创新驱动、高质量发展、标准先行、设计支撑、质量引领、品牌带动、信誉保证，全面提升产品、工程、服务、环境等各领域，率先建设全面体现新发展理念的现代化经济体系，深入推进深圳质量、深圳标准、深圳品牌建设，高标准优化城市规划，高品质加强环境建设，推动城市净化、绿化、美化、亮化，大力治理"大城市病"，努力打造美丽中国的深圳样本，实现更高质量、更有效率、更加公平、更可持续发展。

相关报道

芙蓉－彩虹大桥

一、起步建设阶段（1980 ～ 1991 年）

1980 年深圳特区成立，市政管理机构逐步完善，由最初的 1980 年撤销宝安县建设局、成立深圳市基本建设委员会、增设规划管理局，到 1989 年撤销基本建设委员会城市规划局、成立规划局、加挂市国土局，并设立市建筑工务局，下属单位有市基础工作组和口岸建设指挥部。从 1983 年开始，为了支援深圳特区建设，全国各地一批有实力的设计院陆续进驻深圳，相继成立了深圳分院，与当地设计院形成了地方与驻深多家设计单位共存、和谐发展的良好局面，成为创造深圳奇迹的设计开拓者。

这一阶段，深圳基础设施从无到有，经历了一个翻天覆地的变化。在道路方面，从 1980 年到 1991 年 9 月，历经 11 年，在原有 9m 宽、25.9km 的深圳至南头公路基础上，经过了 6 次较大的改造，修建了全长 24.8km 的深南大道，成为特区市政道路的标志性工程，1989 年被评为"全国市政样板工程"；1986 年 8 月，特区东西

深南大道（华侨城至新洲路段）改造工

方向的第二条交通干线北环大道竣工；在建市前仅有布吉河上"解放路桥"的基础上，修建了笋岗桥、广深铁路高架桥、笋岗立交桥、皇岗立交桥（后更名为福田立交桥）、华强北立交桥等大中型标志性桥梁建筑。在给排水方面，建立了东湖水厂、沙头角水厂、南头大冲水厂，同时于1978年9月向香港供水的东江—深圳输水第二期扩建工程全面竣工。在排水、污水处理方面，至1992年春，滨河污水厂、南山污水厂相继建成。在市政基础设施方面，1992年，深圳大亚湾核电站第一台机组投产，同时笋岗液化气、石油铁路专用线、罗湖清水河气化站及数座液化气码头相继建成。在这一阶段，深圳机场于1984年开始进行可行性研究，1991年10月正式通航运行。

城市基础设施的快速发展，在给城市带来深刻变化的同时，也必然由于急剧发展而缺乏更多的精雕细琢。总体来说，这一阶段的特点是来自全国各地的广大建设者和设计师们勇于开拓，高瞻远瞩，充分发挥"俯首甘为孺子牛"的"工匠精神"，充分考虑了今后的发展空间，设计作品朴实、大气、浑厚，体现了起步阶段的历史特征和精神风貌。

二、高速发展阶段（1992～1999年）

5号线上水径站暗挖大跨无柱穹隆形站厅

此阶段为1992年春到1999年下半年。在这8年的时间里，深圳市政基础设施在起步建设阶段的基础上，逐步深化完善。从道路工程上来看，此阶段引进了先进的城市快速干道系统，典型代表工程有：北环大道拓宽，全长20.84km，全线共有大小立交桥15座，主车道为双向8车道，投资26亿人民币；春风路高架桥的动工新建，有效解决了火车站、罗湖口岸、罗湖商业区的过往车辆交叉引起的矛盾，缓解了交通压力；滨河快速路动工，全长5.8km，修建了彩田、金田、益田、新洲、车公庙5座立交桥；1999年10月滨海大道建成通车，全长9.6km，路宽幅138m。至此，北环、滨海城市快速干道、深南大道三条城市主干道结合，从根本上解决了具有东西狭长城市特征的特区的交通问题。1999年3月，东环快速路全线竣工，标志着特区东侧滨河大道、深南大道、北环大道相互连通，形成环城快速路系统，冻结罗沙公路，直接与盐田港东部滨海地区衔接。

南坪快速（沙河西立交）

随着社会经济和人口的快速发展，深圳交通形势日益严峻。1992年12月，地铁1号线勘察设计总承包公开招标，正式拉开深圳地铁建设帷幕。1998年7月，经市政府批准，深圳市地铁集团有限公司正式成立。1999年4月，深圳地铁一期工程（1号线东段和4号线南段）开工建设，线路总长21.831km，共设车站20座，连接了罗湖口岸和福田口岸，总投资115亿元人民币。

总体来说，这一阶段为深圳特区发展的黄金阶段，市政基础工程设计高速发展，涌现了许多优秀工程，并为特区培养了继创业者之后第一代年轻的设计队伍，使他们能够在这一环境中迅速成长。

松岗车辆段检修库

三、规范化发展阶段（1999～2006年）

此阶段为1999年下半年至2006年。从1999年开始，随着特区建设的深入、设计市场的规范化、对设计工程前期投入的加大，大型市政工程均要求先作可行性研究，再经过方案设计、初步设计、施工图设计，从而保证了设计的质量和特色。具体体现在设计产品上，就是从经济美观、兼顾景观和谐、重视生态环境的设计理念出发，经过细心雕琢、反复推敲而完成作品设计。工程项目也从满足功能需要的一般性，走向多样性、丰富性和前瞻性。例如，滨海大道、西部通道、深圳机场二次改建、宝安大道、笔架山水厂改造等项目，就充分证明了这一点。

2000年9月，深圳市地铁工程建设指挥部成立，负责工程重大事项的组织协调工作。2004年12月28日，地铁一期工程建成通车，加强了深圳与香港的便捷联系，提升了沿线城市建设品质，为城市空间拓展提供了新方向。2006年，地铁二期工程（1号线续建、2号线、3号线、4号线续建以及5号线）开工建设，将原特区内外紧密连接，使轨道交通不仅成为缓解城市交通拥堵的工具，也成为促进特区内外城市一体化进程和城市社会经济可持续发展的重要动力。

从2002年开始，市政工程设计全面走上招投标的规范化轨道。在多项大型市政工程项目招标过程中，各家知名设计单位都拿出自己的看家本领，与同行在一个平台上进行激烈的竞争，深圳的市政基础设施设计的档次和理念有了较大的升华。

四、提质增效阶段（2007年至今）

进入2007年，深圳加快推进基础设施提升改造工作，以国际一流城市基础设施标准为标杆，打造更加完备的城市基础设施体系，创新运营管理模式，以完善的城市功能提升国际化辐射带动能力，拓展城市发展空间。这个时期，深圳贯彻绿水青山就是金山银山的发展理念，建设美丽、宜居深圳，更加注重以人为本、绿色低碳。在市政项目中融入众多先进实用的技术和理念，打造精品工程。

2007年深南大道再次改造、北环大道交通改善工程启动，标志着市政建设向提质增效的转变。例如在深南大道改造中，更加注重行人的体验及环境景观的协调，因地制宜设置自行车专用道，结合地铁站口和公交车站布设人行连廊等，细化分类修缮方案并采取快速施工方案等多种技术措施，保障建设期间交通正常安全运行。北环大道项目中成功研发并应用新材料和新技术，开展多项课题研究，成果获得国家实用新型专利、广东省科学技术成果鉴定证书等技术奖项。

2014年深圳加快推进绿色交通和智慧交通的建设。截至2017年底，已建成全长超过2400km的绿道网络，吸引越来越多市民加入到绿色出行的行列中，并成为周末市民漫步骑行、休闲游憩、徒步健身的好去处。公交车纯电动化率达90%，2020年，深圳还将实现出租车100%电动化。2000年建成了智能交通指挥中心，目前，第四代指挥中心以"大数据、互联网＋可视化"引领智能交通大发展，有效保障了深圳交通的安全、快捷。

自2007年开始波形钢腹板组合梁桥技术的研发与应用。主编了广东省第一部地方标准和国内第一部行业标准。东宝河新安大桥是世界首座波形钢腹板混合梁桥，马峦山公园一号桥则是采用新型的波形钢腹板－弦杆组合梁桥，高抗震的伊朗德黑兰北部高速公路特大桥吹响了在国家"一带一路"倡议下走向国际的号角。针对每一座桥梁都深耕细作，匠心独运，充分展示了组合结构桥梁节材、轻型、易装配化、美观的优点。

从2009年开始，深圳市就已高度重视低影响开发雨水综合利用工作，持续推动以光明新区为示范区的各种类型低冲击开发雨水综合利用项目实施，为全国制定海绵设计标准及图集积累了经验，为全国海绵城市建设提供了参考、复制的经典案例，2016年4月，以光明凤凰城为试点区域，成功入选第二批"国家海绵城市建设试点城市"。2017年，建成人才公园、香蜜公园和深圳湾滨海西段休闲带等一批精品公园，"深圳蓝""深圳绿"成为城市最亮色。

践行"建地铁就是建城市"，加大城市轨道建设力度，着力提升城市功能。创新投融资思路，积极推动"轨道＋物业"等多模式投融资发展，助力城市轨道交通建设。遵循轨道交通引导城市发展的理念，全市共规划城市轨道线路32条，总规模约1142km（含弹性发展线路约53km），由市域快线和普速线路两个层次构成。其中市域快线8条，总规模约412km；普速线路24条，总规模约730km。截至目前，已开通轨道交通运营9条（含龙华有轨电车），共296.7km，到2022年共13条线580km。目前，全网地铁日客流476万人次，历史最高客流539万人次。

通过40年的深圳市政建设实践，我们深刻体会到"规划优先、理念先行、协调发展"的重要性，避免了市政工程重复建设和相互矛盾，节约了时间，节约了资金，保证了城市发展理念的适度超前和城市功能的逐步完善。

深圳，经过40年的改革开放，从人口不足2万、市政设施寥寥无几，到如今人口超千万，道路四通八达，轨道纵横千里，城市充满无穷魅力。累累硕果的背后，无不映衬着深圳市政建设者敢闯敢试，勇于创新、奋力拼搏，精益求精，鞠躬尽瘁的精神。站在40年改革开放新的发展起点上，我们将以习近平新时代中国特色社会主义思想为指导，按照"三个定位、两个率先"和"四个坚持、三个支撑、两个走在前列"以及习近平总书记对深圳工作的重要批示指示要求，不忘初心，砥砺前行，以更加饱满的热情，以永不懈怠的精神状态和一往无前的奋斗姿态，着力深圳城市基础设施建设，持续打造深圳质量、深圳标准，助力率先建设社会主义现代化先行区、现代化国际化创新型城市、高质量全面小康社会、可持续发展的全球创新之都，到21世纪中叶，建成代表社会主义现代化强国的国家经济特区，成为竞争力影响力卓著的创新引领型全球城市，让深圳这座年轻的城市更有活力、更具魅力，为实现中华民族伟大复兴的中国梦贡献出新的更大智慧和力量！

深南路路面修缮及交通改善工程（深南路交通改善续西段）

设计单位：深圳市市政设计研究院有限公司
项目地点：深圳市南山区
建设时间：2011年3月全线改造竣工
项目规模：全长5.7km，城市I级主干路，设计范围分为南头段（南头联检站—南中天桥）和南海立交—侨城西街两段，主线双向6车道，辅道为双向4车道，设计车速60km/h
项目投资：1.516亿
设计时间：2008年全线改造设计完成
获奖荣誉：2009年度全国优秀工程勘察设计行业奖市政公用工程二等奖

设计说明：

　　深南大道是东西走向、横贯深圳特区最繁华的城市客运主干路，是城市的景观和窗口，被市民誉为深圳第一大道。深南大道东起罗湖区沿河路口，西至南头联检站。2007年启动第8次改造，从设计到施工全过程追求精细化，并注重"以人为本"：强调道路景观与行人亲和力及与环境的协调；因地制宜设置了自行车专用道；结合地铁站口和公交车站布设了人行连廊；结合沿线土地开发优化道路交通组织；优化各灯控路口信号相位与配时；全线采用LED发光标识，在分合流路段采用全新的场阵交通设施；成功应用公交中途站点硬化路面技术；基于路面破损评估、细化分类修缮方案并采取快速施工方案等多种技术措施，保障建设期间交通正常安全运行。

北环大道（银湖立交—港湾大道段）路面修缮及交通改善工程

设计单位： 深圳市市政设计研究院有限公司
　　　　　中国瑞林工程技术有限公司
　　　　　中国瑞林工程技术有限公司
项目地点： 深圳特区北部
建设时间： 2012 年 10 月 30 日竣工验收
项目规模： 城市快速路，主线设计车速 80km/h，道路全长 19.5km，主线双向 8 车道，辅道双向 4 车道
项目投资： 81100.97 万元
设计时间： 2007 年 8 月～2010 年 2 月

获奖荣誉： 2015 年度广东省优秀工程设计一等奖

设计说明：

　　北环大道全长 19.5km，是深圳市一条重要的东西向城市快速路，始建于 1994 年。2007 年启动改造设计，包括完善全线主、辅道、慢行及市政管网设施；提升沿线公交服务水平，全线增设港湾式公交站 23 对；现状水泥路面加铺沥青混凝土；改造现状立交 8 座；拓宽桥梁 2 座；新建人行过街天桥 9 座；完善配套各类市政管线等。项目成功研发并应用了新材料和新技术，开展了多项课题研究，成果获得国家实用新型专利、广东省科学技术成果鉴定证书等技术奖项。

南坪快速路二期工程

设计单位： 深圳市市政设计研究院有限公司
项目地点： 深圳二线以北
建设时间： 2012 年 7 月竣工
项目规模： 城市快速路、双向八车道，总长 15.525km，其中主线桥长约 13.5km，一座长双孔隧道 670m
项目投资： 约 39 亿元
设计时间： 2006 年 6 月～2010 年 6 月

获奖荣誉：
主线工程获得 2017 年全国优秀勘察设计行业市政公用工程道路桥隧一等奖

设计说明：

深圳市南坪快速路位于深圳特区二线以北，西起南山区境内的深港西部通道，东至龙岗区东部通道，全长约 44.6km。南坪快速路是"七横十三纵"的高快速路网骨架的重要组成部分。二期工程起于沿江高速前海立交，止于南坪快速路一期塘朗立交，包含塘朗、沙河西、麒麟、南头、新城、沿江高速共 7 座立交、5 座跨线桥。

设计中采用航拍摄影技术、BIM 技术；运用敏感要素评价体系，建立多敏感要素层次模型分析体系，优化选线；项目研究获得的多项专利与科技成果。

深圳市彩虹大桥

设计单位：深圳市市政工程设计院
项目地点：深圳市罗湖区
建设时间：1998年～2000年3月
项目规模：桥梁全长386.37m，其中主跨150m，桥宽23.5～28m，双向4车道
项目投资：0.7亿元
设计时间：1997年

设计说明：

深圳市彩虹（北站）大桥，位于深圳市罗湖区八卦三路—田贝四路中段，上跨深圳火车北站29股轨道。彩虹（北站）大桥主桥为单跨150m下承式钢管混凝土系杆拱桥，引桥为预应力混凝土连续梁桥。该桥为世界首座钢-混凝土全组合结构大型桥梁，进行了多项技术创新。该项目设计获得2001年广东省优秀工程勘察设计一等奖、2002年建设部优秀工程勘察设计三等奖。"深圳彩虹（北站）大桥钢—混凝土组合桥梁设计与研究"科研成果，获2001年深圳市科技进步一等奖、2002年广东省科技进步二等奖，与其相关的组合结构关键技术研究与应用，获2003年教育部科技进步二等奖、2004年度国家科技进步二等奖。

深圳东宝河新安特大桥

设计单位： 深圳市市政设计研究院有限公司
项目地点： 深圳市宝安区
建设时间： 2015年1月~2017年8月
项目规模： 桥梁全长332m，其中主跨156m，左右分幅，桥面宽2×16.25m，双向6车道
项目投资： 3.87亿元
设计时间： 2010年10月~2014年4月

设计说明：

深圳东宝河新安特大桥跨越深莞市界的东宝河，直接联系深圳市沙井街道和东莞市长安镇。深圳东宝河新安特大桥跨径布置为88m+156m+88m，跨河桥分两幅布置，每幅箱梁为单箱单室断面。桥梁结构采用波形钢腹板PC连续箱梁桥，并在中跨跨中设置了41.6m的钢底板组合梁段，与其他位置波形钢腹板组合箱梁的不同之处是该段底板用30mm厚度的钢板代替30~40cm厚度的混凝土底板，减轻了自重。该桥为世界首座波形钢腹板混合梁桥，进行了多项技术创新。

深圳市岗厦北综合交通枢纽工程
——深圳市彩田路钢便桥装配化施工架设工程

设计单位：深圳市市政设计研究院有限公司
项目地点：深圳市福田区
项目规模：每幅桥宽12m，跨径布置为(30+2×46+34+32)m，主梁截面采用双箱单室钢箱梁结构，梁高1.8m
项目投资：1.22亿元
设计时间：2017年1月

设计说明：

为配合地铁岗厦北枢纽站施工，地铁施工期间现状彩田桥需拆除，由临时钢便桥替代现状彩田桥交通功能，枢纽建成后，原位恢复彩田桥。

位于深圳市两条重要的城市主干道深南大道与彩田路交叉口，车流量大、人流量大，且周边分布着大量高端写字楼和住宅，因此要求施工过程必须把对周边环境和交通影响降到最低。

国内首次采用国际标准化SPMT架设技术应用于城市桥梁施工安装，架设速度快，将传统施工工艺7天的工期缩短为两晚共8个小时，并且把对周边环境和交通的影响降到了最低。实现了传统架桥手段向现代化科技手段的重要转变，对城市桥梁预制、快速架设的新发展具有里程碑意义。

深圳市轨道交通 4 号线二期工程上梅林站

设计单位：深圳市市政设计研究院有限公司
项目地点：深圳市福田区中康路与梅林路交汇处东北象限地块内
建设时间：2007 年 10 月 ~ 2011 年 5 月
项目规模：总建筑面积 12952.12m²，地下建筑面积 7710.09m²
项目投资：9711 万元
设计时间：2005 年 6 月 ~ 2011 年 3 月

设计说明：

深圳市城市轨道交通 4 号线二期工程上梅林站位于深圳市福田区梅林片区中康路与梅林路交汇处东北象限地块内，车站总长 173.2m，宽 20.6m，有效站台宽度 10.8m。上梅林站是目前为止国内首座半地下站，车站自下而上共设 5 层（分别为路轨层、设备层、站厅层、站顶设备层及站顶层），总建筑面积 12952.12m²，车站采用明挖法施工。本站建筑及装修方案引入香港地铁设计理念，设计特点体系在：（1）国内首座地上与地下相结合的地铁车站；（2）地铁车站首次采用纵向柱跨 11.4m 大跨度设计技术；（3）站厅（地面层）公共区采用轻型钢结构设计，通风采光好，成为环保节能设计的典范；（4）车站外立面整体造型美观，风亭及冷却塔与车站建筑完美融为一体。

深圳地铁 4 号线二期工程（上梅林站及上民区间）获得"2015 度广东省优秀工程勘察设计行业奖工程设计一等奖"和"2015 年度全国优秀工程勘察设计行业奖市政公用工程二等奖"。

深圳市城市轨道交通 11 号线高架站

设计单位：深圳市市政设计研究院有限公司
项目地点：深圳市宝安区
建设时间：2010 年 10 月 ~ 2016 年 5 月
项目规模：共 4 座高架站，总建筑面积为 3.7 万 m²
项目投资：35627 万元
设计时间：2010 年

设计说明：

深圳市城市轨道交通 11 号线工程起自福田枢纽，终至宝安碧头，功能定位为西部组团快线兼顾机场快线，线路全长 51.9km，设站 18 座，其中地下站 14 座，高架站 4 座，换乘站 10 座，在松岗设车辆段 1 座，在机场北设停车场 1 座；采用 A 型车 8 节编组，最高运行时速 120 km/h；控制中心设于深圳市轨道交通网络运营控制中心（NOCC）内；线路总投资 313 亿元，2012 年 4 月开工建设，2016 年 2 月投入试运行。

车站内部站厅层

塘尾站

沙井站

深圳市城市轨道交通 7 号线深云车辆段

设计单位：深圳市市政设计研究院有限公司
项目地点：深圳市福田区
建设时间：2011 年 ~ 2016 年 5 月
建筑面积：10.78 万 m²
项目投资：12.69 亿元
设计时间：2010 年

设计说明：

深云车辆段位于南山区塘朗山公园内，原为废弃的采石场，经场地平整后开发建设，项目总用地面积 31.15hm²，总建筑面积 10.78 万 m²。车辆段作为地铁 7 号线的车辆基地，承担车辆停放、检修和救援等功能，是整个 7 号线地铁系统的重要组成部分。

工程工艺流程复杂，涉及 30 多个专业，设计及协调难度大；利用上盖平台上方空间，建设文体公园和地铁科普教育馆，实现土地二次利用；在结构上采用大跨度空心梁结构体系；设置岗位空调改善车辆段内检修作业环境，同时引入室外准安全区的概念解决了上盖平台下人员疏散的消防问题，设计思路新颖独特。

项目设计获得深圳市第十七届优秀工程勘察设计二等奖。

北环电缆隧道配套工程

设计单位：深圳市市政设计研究院有限公司
项目地点：深圳
建设时间：2017 年，正在施工
项目规模：约 24.26 km
项目投资：41054.09 万元
设计时间：2016 年

设计说明：

项目为深圳地区首次采用巡检机器人、灭火机器人的综合管廊或电力隧道项目，可在运营阶段替代部分日常巡检工作，以保障人员安全、提高巡检效率。与固定监控系统形成互补，打造更智慧的电缆隧道运维管理体系。

深圳光侨路综合管廊

设计单位：深圳市市政工程设计院
项目地点：深圳市光明新区
设计时间：2007~2009年
建设时间：2009年~2013年12月
项目规模：道路长约9.44km，综合管廊全长约5.5km
项目投资：111861万元

奖项荣誉：
　　2017年度广东省优秀设计三等奖

设计说明：
　　项目为全国率先规模化建设的城市地下综合管廊项目，全长约5.5km（双仓结构，净高2.8m×宽6.5~7.8m）。

项目创新点：
　　1. 沿线市政管线敷设采用管线共同沟集中架设，节约土地，管道维修、更换、扩容时避免开挖道路；2. 共同沟内设置先进完善的安防监控系统；设有监控中心全程24小时监控共同沟内的市政管道。

第5章 绿色建筑

深圳绿色建筑总论（于天赤） /132

1- 前海世茂金融中心 /136

2- 深圳创意产业园二期3号厂房改造（招商地产总部） /138

3- 深圳建科大楼 /140

4- 南海意库3号楼改造项目 /142

5- 深圳万科中心（万科总部大楼） /144

6- 深圳湾科技生态园 /146

7- 深圳证券交易所营运中心 /147

8- 深圳市龙悦居三期1栋 /148

9- 深圳太平金融大厦 /150

10- 天安云谷 /152

11- 平安金融中心 /154

12- 深圳壹海城北区1、2、5号地块 /155

13- 福田区环境监测监控基地大楼 /156

14- 侨香村经济适用房 /158

15- 中国移动深圳信息大厦 /160

16- 蛇口邮轮中心 /161

17- 深圳万科云城（一期）1栋A、B座、4、5栋 /162

18- 布吉街道木棉湾学校 /163

深圳绿色建筑总论

于天赤　建学建筑与工程设计所有限公司深圳分公司总建筑师，高级建筑师

深圳的 40 年是中国改革开放的 40 年，深圳是中国发展的缩影。如果说前 20 年深圳是从初生到成长的年代，那么后 20 年则是深圳从壮大到转型的年代。今天的深圳市已成为经济总量名列全国前三，总人口超过 1500 万人的超大型经济强市。虽然经济高速发展，城市建设日新月异，但是深圳市的人均能耗却大幅下降，天更蓝，草更绿。资源节约、环境友好的深圳已成为中国绿色发展的先锋、示范。

2006 年颁布的《民用绿色建筑评价标准》，是中国从"建筑节能"到"绿色建筑"的转变。深圳市政府及深圳的有识之士意识到这是建筑观念的转变，绿色建筑将是一个新方向、新机遇，大家现在处于同一个起跑线上。

2008 年 3 月深圳市政府颁布了《关于打造绿色建筑之都的行动方案》，率先提出将打造"绿色建筑之都"作为深圳推动城市建设发展率先转型的基本战略，为发展绿色建筑明确了方向。随后又颁布实施了《深圳市绿色建筑行为计划》《深圳市建筑节能和绿色建筑"十二五"规划》。在绿色建筑标准体系建设上，深圳市逐步建立了一套符合深圳地方特色的绿色勘察、绿色设计、绿色施工、绿色监理、绿色物业、绿色建材、绿色评价等全生命周期的绿色建筑标准规范体系，为深圳市绿色建筑的发展提供了保障和依据。在深圳市建筑科学研究院股份有限公司、招商房地产有限公司、深圳市万科房地产有限公司等企事业单位的积极创新实践下，建成了一批高质量的绿色建筑。深圳市被国家住房和城乡建设部誉为住房城乡领域"绿色先锋"城市。龙悦居是全国首个高星级的绿色保障性住房；建科大楼、华侨城体育中心、南海意库、深圳证券交易运营中心、深圳壹海城、深圳市嘉信蓝海华府项目获得全国绿色建筑创新一等奖；坪山雷柏工业厂房项目获得绿色建筑工业二星级评价标识；深圳机场航站楼是全国最大的绿色空港；光明新区成为国家首个绿色建筑示范区和全国首批绿色生态城区。2015 年中国绿色建筑与节能专业委员会为 10 家企事业单位颁发了"全国绿色建筑先锋奖"，深圳市有 3 家获此殊荣，分别是深圳市建筑科学研究院股份有限公司、万科企业股份有限公司、建学建筑与工程设计所有限公司。

到 2017 年底，深圳市绿色建筑面积达到 7320 万 m^2，占到全国绿色建筑面积的 10%，深圳市荣获住房和城乡建设部首批"国家装配式建筑示范城市"和"公共建筑能效提升重点城市"。

正是由于抓住了绿色发展这个机遇，深圳市在建设领域做到了"弯道超车"，成为全国的先锋与示范。也正是由于建立了绿色发展的管理体系、实施体系，深

圳市在建设领域形成了特色鲜明的深圳绿色建筑特色，这是深圳发展40年在建设领域的重要贡献。

一、深圳绿色建筑发展特点

1. 由"点"到"面"

深圳绿色建筑经历了从"绿色建筑"发展到"生态城区""低碳城"，由点带动，连片发展，形成整体绿色效益最大化的格局。

（1）深圳建科大厦

深圳建科大厦是深圳绿色建筑的一个里程碑建筑。建科大厦2005年设计，2006年开工，2009年使用，这时正值绿色建筑刚刚起步，大家对绿色建筑还很陌生的时期，深圳率先建成了国家3星级的绿色示范建筑。建科大厦是绿色理念与绿色技术的综合运用，它汇集了40多项绿色技术，同时针对深圳夏热冬暖的气候特点，将办公楼"切薄"呈"吕"字形布置，在西晒部位设置楼梯间、厕所，同时注意建筑的遮阳设计。投入使用后，建科大厦比深圳同类建筑的总能耗降低了59%，是一栋名副其实的绿色示范大楼。深圳市建筑科学研究院股份有限公司也由此"点绿成金"于2017年成功在深圳主板上市。

（2）南海意库

南海意库原为蛇口三洋电子厂，工厂到期后，当时有两派意见：一派是拆除，新建办公楼；一派是对厂房进行绿色改造利用。最后这6栋厂房被改造成6个绿色创意空间。这是中国第一栋既有建筑改造成国家3星级绿色建筑的项目。当大

深圳建科大厦

南海意库

深圳湾科技生态园

家看到满是绿色植物的建筑，舒适明亮的室内空间，不会想到这里原来是机器轰隆的厂房，更为赞叹的是绿色改变不仅让建筑获得新生，招商地产也从此将"绿色地产"视为己任。

(3) 深圳湾科技生态园

深圳湾科技生态园项目率先探索绿色建筑区域性集群评价标识模式，通过对整个园区180多万 m^2 建筑的整体绿色建筑评价，从而达到整个园区资源互补，绿色效益最大化的目的。该项目也评为首个区域性绿色建筑2星级项目，其中2栋建筑还获国家3星级绿色建筑。

2008年住建部与深圳市政府签署了《建设光明新区绿色建筑示范区》合作框架协议，这是全国首批绿色生态城区项目，全区开展绿色规划、绿色建设、绿色运营在经济大发展的同时保留了一个绿水青山的光明新城。

深圳国际低碳城作为中欧可持续城镇合作的旗舰项目，获得由美国保尔森基金会和中国国际经济交流中心合作颁发的"可持续发展规划项目奖"。

2. 交流合作

深圳率先建成了一批在国家、国际上有影响的绿色建筑，并积极参加各届"绿博会""住博会""高交会""文博会""世界植物学大会"，全面展示深圳绿色低碳的品牌与形象。组织"热带及亚热带地区（夏热冬暖地区）绿色建筑

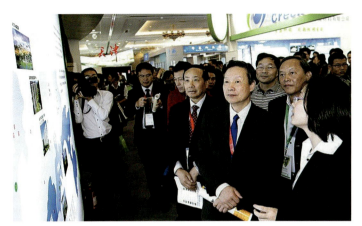 

交流与合作

委员会联盟""全国计划单列市(C8)绿色建筑联盟",让大家在相同气候条件下、经济背景下共同探讨绿色建筑的发展。参与发起设立世界低碳城市联盟,加入C40城市气候领导联盟,推动英国建筑科学研究院(BRE)中国总部落户深圳,与美国劳伦斯伯克利实验室展开务实合作,积极融入世界绿色城市的阵营,塑造良好的国际形象。

进入新时代,国家提出全面提升建筑过程绿色化水平,推动高质量绿色建筑发展。

二、深圳的绿色建筑存在问题

1. 在深圳的绿色建筑发展中,设计企业、规划师、建筑师的参与度还不够。没有在项目的前期建立起绿色思维、绿色设计的方法,存在依靠技术措施来弥补绿色设计不足的问题。岭南地区独特的气候条件,加上深圳建筑师创新的精神,完全可以建立深圳的绿色建筑理论,形成深圳的"绿色流派"。

2. 还没有建立绿色建筑后评估体系。深圳的绿色建筑起点早,数量多,很多项目拿到国家高级绿色建筑评价标识(运行),获得国家最高级别的奖项。经过一段时间的使用之后,对其绿色效能进行后评估、总结、学习,这对于提升深圳的绿色建筑质量将是非常有意义的。

深圳创立之初,"时间就是金钱,效率就是生命",体现了深圳的速度;今天深圳的"绿色创新""绿色先锋",体现了深圳的厚度。

绿色,让深圳更美丽!

前海世茂金融中心

设计单位：筑博设计股份有限公司
合作单位：GENSLER
　　　　　奥雅纳工程咨询（上海）有限公司深圳分公司
设计团队：马镇炎　刘晓英　丁瑞星　赵宝森　槐雅丽
　　　　　陈晓冬　薛卓恒　吴大华　刘小秋　汪　清
　　　　　张永峰　刘宇辉　赵雪峰　彭　豪　李　强
　　　　　王　娅　黄曙光　侯连建　谢泽鑫　潘旭辉
　　　　　王　硕　朱　旭　吕少锋　万春妮　姚　智
　　　　　蒋兴林　姚晓鹏　袁少宁　朱林海　杨西卫
　　　　　周云凯　何增光　林超楠　李洪珠
项目地点：深圳
设计时间：2014 年
用地面积：12746m²
建筑面积：203000m²
建筑高度：300m

奖项荣誉：
　　第三届深圳建筑创作奖施工图设计一等奖
　　第十七届深圳市优秀工程勘察设计评选 BIM 设计专项二等奖

建筑创新点

项目以"和谐共生"作为基本设计理念，塔楼由两部分体量组成，拔地而起，高耸入云，各自独立却又精密交织，象征着香港与内地的互动合作与和谐统一，两个体量顶部围绕轴线旋转，形成完美统一的建筑形象，在象征及实际意义上诉说着两岸的紧密联系，扭转上升的建筑形象由自然形态衍生，通过严谨的集合手法建立完美的方形，由下至上旋转 45°，每个角度旋转约 7.5°。一座崭新的象征永恒联系与和谐统一的地标就此诞生。

项目多层建筑的体量与二楼塔楼的扭转上升一脉相承，采用玻璃幕墙为主的外墙形式，更好地与城市和周边地块实现空间和视觉的连续，也使得一期多层建筑和二期塔楼一气呵成，成为一个和谐的整体。

深圳创意产业园二期3号厂房改造（招商地产总部）

设计单位：深圳市清华苑建筑与规划设计研究有限公司 　　　　　毕路德国际（BLVD）	**用地面积**：8000m² **建筑面积**：25023.9m²
主创建筑师：梁鸿文	
设计团队：李念中　江卫文　冯嘉宁　曹　珂　潘北川 　　　　　贾文文　左振渊　胡明红	**获奖荣誉**：2013年香港建筑师学会海峡两岸与香港、 　　　　　澳门建筑设计大奖优异奖 　　　　　2010年第三届中国建筑学会暖通空调工程 　　　　　优秀设计一等奖
项目地点：深圳南山	

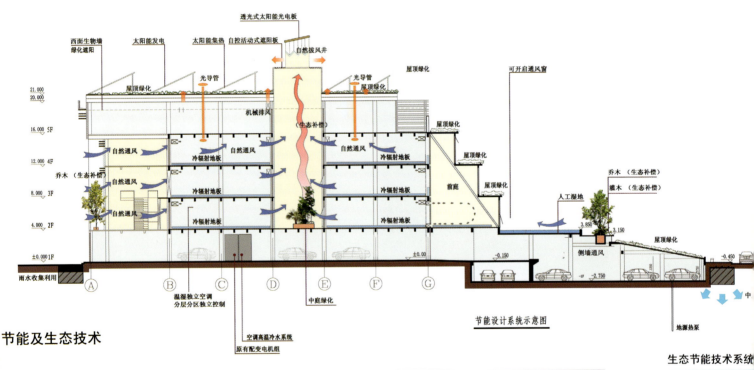

节能设计系统示意图

节能及生态技术

生态节能技术系统

深圳创意产业园二期3#厂房改造（南海意库3号楼，招商地产总部）

项目位于深圳蛇口三洋工业园区，是一项对旧厂房建筑进行空间转型的综合性改造项目，通过结构加固，增加通风中庭，设置综合遮阳，更新隔热门窗及外墙系统，引入"溶液调湿新风机组"等一批节能减排设备，使建筑实现提高舒适度、降低使用能耗（节能率65%以上）、减少环境污染三大目标。建成后本项目更新为一个现代化信息化的4A级办公楼，成为在深圳以至全国范围内具有示范意义的绿色建筑。

本案是深圳市既有建筑再生能源改造示范项目，经建设部和发改委评为全国35个节能示范项目之一，本案先对旧厂房进行结构加固，再根据深圳气候特点，集成运用了60多项措施，包括更新隔热门窗及外墙保温系统，改善室内外通风、智能化综合遮阳等。

改造后，项目取得国家绿色生态建筑"三星"级认证，旧厂房焕发出新的生命力。

旧建筑更新改造

深圳创意产业园二期3#厂房改造（南海意库3号楼，招商地产总部）

深圳建科大楼

设计单位：深圳市建筑科学研究院股份有限公司
咨询单位：深圳市建筑科学研究院股份有限公司
项目地点：深圳市福田区北部梅林片区
用地面积：3000m²
建筑面积：1.82万 m²
建筑高度：57.9m
项目进展：2009年3月投入使用

获奖情况：

深圳市循环经济示范项目和国家"十一五"科技支撑计划示范工程

《深圳市建筑节能"十一五"发展规划》绿色建筑重点工程

第一批民用建筑能效测评标识三星级项目

国家级可再生能源建筑第一批应用示范工程住房和城乡建设部绿色建筑与低能耗建筑双百示范工程

绿色建筑评价标识三星级（设计+运行）

绿色建筑创新奖一等奖

LEED-NC 注册项目

效益分析

经济效益：该项目以 4200 元/m² 的工程造价，实现了每年减少运行费用约 76.3 万元，其中相对常规建筑每年节约常规电能约 109.44 万 kWh，节约电费 69.7 万元，建筑节约用水量 5111t，节水率 52%，节约水费 1.5 万元的经济效益指标。

环境效益：该项目每年常规节能减排 CO_2 1091.12t，太阳能发电减排 CO_2 75.37t，共计减排 CO_2 1166.5t；中水回用减排污水排放 5111t。为改善空气质量、控制温室效应以及节约水资源、减轻市政供水压力贡献了自己的力量。

社会效益：项目除了满足深圳建科院自身办公应用外还承担了绿色建筑科普教育的社会任务，向社会开放，免费让市民参观，向市民展示节能技术，宣传绿色建筑知识，社会效益显著，截至目前，建科大楼已经接待社会各界人士参观考察超过 2 万人次，起到了良好的示范作用。

六楼空中花园绿化

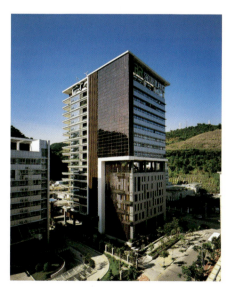

西立面太阳能光伏幕墙

大堂中庭

光伏电池板和光伏幕墙

下沉庭院玻璃顶自然采光

屋顶花园和菜地植物配置

报告厅可开启墙体

南海意库 3 号楼改造项目

设计单位：深圳毕路德建筑顾问有限公司
咨询单位：深圳市越众绿色建筑科技有限公司
项目地点：深圳市前海蛇口自贸区
用地面积：5940.3m²
建筑面积：25023.9m²
建筑高度：21.5m
项目进展：2008 年投入使用
获奖情况：绿色建筑设计三星级、绿色建筑运营三星级、健康建筑设计二星级

效益分析

经济效益:项目为既改项目,将原有的三洋生产厂房改造成为招商地产总部办公楼,项目总造价为4500元/㎡,绿色建筑增量成本约350元/㎡,实现每年减少运行费用340万元。其中,项目对比常规建筑每年节约电量约为200万kWh,节能率约为65%,每年节约电费约336万元。项目节水量约每年1万余吨,节水率约60%,每年节约水费约3.35万元。

环境效益:项目节能量折合二氧化碳减排约2600 t,节省标准煤约1000 t,中水回用减排污水约1万t。本项目在节能减排、节约用水、节约建筑材料等方面都进行了创新实践,为低碳发展、可持续发展、绿色中国、健康中国贡献力量。

社会效益:项目为招商蛇口工业区控股股份有限公司自持的办公楼,是深圳市最早一批的绿色建筑项目。本项目开始时间早,评级星级高,涉及体系多(绿色建筑、健康建筑),为深圳市绿色建筑发展提供了宝贵的经验和思路。本项目作为深圳市的标杆绿色建筑项目,常年对公众开放,普及绿色建筑知识、宣传绿色建筑思想、展示绿色建筑技术。截至目前,共接待社会各界人士参观3万余人次,社会效益显著,起到了良好的试点示范作用。

垂直绿化

冷辐射地板

人工湿地污水处理

地下采光天井

高温冷水磁悬浮机组

建筑能耗监测系统

深圳万科中心（万科总部大楼）

设计单位：中建国际（深圳）设计顾问有限公司
史蒂文·霍尔建筑师事务所
咨询单位：深圳市建筑科学研究院股份有限公司
项目地点：深圳市盐田区大梅沙旅游度假区
用地面积：48542.2m²
建筑面积：121286.5m²
建筑高度：35m
项目进展：2009年10月投入使用

获奖情况：国家绿色建筑评价标识三星级、财政部和住房城乡建设部第四批可再生能源建筑应用示范项目、国内首个美国LEED-NC铂金级认证、第十届中国土木工程詹天佑奖、美国建筑师协会荣誉奖（AIA）、第三届好设计创造好效益"最佳绿色建筑奖"

效益分析

经济效益：项目采用一系列系统节能、节水、节材、节地等技术，经测算分析，估算每年可减少运行费用约88.31万元左右。

1）节能：项目通过综合利用高效蓄能设备，高性能隔热结构，可调外遮阳装置，低照明功率密度设计等措施，大大降低了运行能耗。通过分析实际能耗运行数据得到，本项目全年单位面积实际运行能耗指标（包括办公设备、照明和空调用电）为88.6 kWh/㎡，与参照建筑单位面积能耗指标（包括办公设备、照明和空调用电）122.7kWh/㎡相比较，全年共节约电量约49.1万kWh，按深圳市商业用电1.0元/kWh，全年的节电费约为49.1万元。

2）太阳能光电系统经济效益：该项目太阳能光电系统每年可产生26.67万kWh的电量，按1kWh电量耗0.41kg标煤计算，折合109 t标煤。按深圳市商业用电1.0元/kWh计算全年节省运行费用26.67万元。

3）中水和雨水利用：本项目设计中水收集处理和雨水回收系统，中水回用于绿化浇洒等用途，每年的节水量节约费用约5万元。收集雨水用于渗透、回灌、补充地下水及地面水源，维持并改善水循环系统，每年节约水费约1万元。

4）冰蓄冷技术：采用部分负荷冰蓄冷系统，占空调设计全日制冷总负荷的49%。根据实际运行结果，年节约运行费用为6.54万元。

环境效益：围护结构节能设计，全年节电量49.1万kWh，节约标煤201.3 t；太阳能光伏发电系统，全年节电量26.67万kWh 全年节约标煤109.3t；整个项目年节省标煤1027.4 t，每年可减排CO_2 826.2t；本项目水循环利用，减少每年污水排放量，所有排放水体全部达到三级水标准，减轻了市政水处理压力。

社会效益：项目除了满足万科集团自身办公应用外还将向社会开放，免费让市民参观，向市民展示节能技术，宣传绿色建筑知识，取得了显著的社会效益。

光伏发电量计量

节水灌溉

垃圾生化处理机

冷量计量

铝合金活动遮阳百叶

人工湿地

万科中心景观水池自然采光

无水小便器

自行车停车位

深圳湾科技生态园

设计单位：深圳市建筑设计研究总院有限公司、北京中外建建筑设计有限公司、重庆贝尔拉格建筑工程顾问有限公司、深圳市坊城建筑设计顾问有限公司、深圳市国际印象建筑设计有限公司、深圳市库博建筑设计事务所、香港华艺设计顾问（深圳）有限公司、泰思金建筑师事务所

咨询单位：深圳市建筑科学研究院股份有限公司

项目地址：深圳市南山区高新技术产业园区南区

用地面积：203080m²

建筑面积：188.53 万 m²

建筑高度：<250 m

项目进展：2016 年 7 月投入使用

获奖情况：大沙河创新走廊新兴产业园、深圳市 2017 年投资推广产业链专业园区、2015-2016 年度中国建筑工程装饰奖、中国国际建筑装饰及设计博览会 2012-2013 年度国际环艺创新设计作品大赛（办公空间方案类 一等奖）、优质结构工程奖（1、4、5 栋）、深圳市优质结构工程奖（7 栋）、2016 年度上半年深圳市优质结构工程奖（三区）、广东省建筑业绿色施工示范工程（三、四区）、国家绿色建筑评价标识二星级（1、2、4-7、9-12 栋）、国家绿色建筑评价标识三星级（3、8 栋）

效益分析

经济效益：项目开发建设期为 8 年，项目投入使用后可拉动 GDP 超过 300 亿。入驻园区企业每年带来新型产业增加值将超过 1000 亿，入驻园区企业可提供超过 8 万个就业岗位。根据 USGBC 调研结果显示，在整个建筑物的寿命周期内综合运营成本可以降低近 20%，经济效益显著。此外绿色建筑还可以改善室内工作环境，提高工作效率，加快房屋销售与出租，产生间接的经济和社会效益。

环境效益：项目综合考虑绿色建筑技术措施，预计建成后每年可以减少碳排放 3.06 万 t，标煤 1.24 万 t，二氧化硫 248 万 t。因此该项目为实现深圳市建设领域节能减排和环境保护目标提供途径。项目通过对建筑室内声、光、热环境和空气品质的控制，建筑室内空气质量 100% 达到国家标准要求。从而保证园区工作、生活人员的健康。

社会效益：项目能够确保入园企业较低的营商成本，充分发挥对深圳市战略性新兴产业的扶持作用；能够针对入园企业不同发展阶段的多样化需求，提供优质的综合服务，为入园企业发展提供支撑；同时，能尽可能地为周边提供配套，显著改善高新区南区营商环境。项目建成后，可入驻 30～50 家上市公司总部，动态引入 50～80 家战略性新兴产业企业，整个开发建设及经营使用为国家和地方增加财政收入，具有较好的社会经济效益。

深圳证券交易所营运中心

设计单位：荷兰大都会建筑师事务所
　　　　　深圳市建筑设计研究总院有限公司
咨询单位：广东省建筑科学研究院
项目地点：深圳市福田区福中三路与鹏程二路交汇处
用地面积：39091.01 m²
建筑面积：26.7 万 m²
建筑高度：245.8 m
项目进展：2012 年 12 月竣工
获奖情况：国家绿色建筑设计标识三星级、中国钢结构金奖、深圳市绿色建筑示范项目、绿色建筑创新奖一等奖、建筑工程鲁班奖、国家绿色建筑运行标识三星级

采用滴灌系统的垂直绿化墙

办公区域采光天井

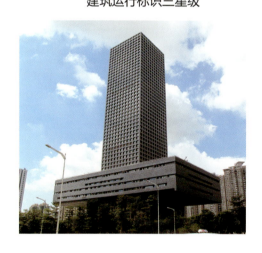

广场人工湿地

效益分析

经济效益：项目 2015 年单位建筑面积年综合电耗约为 92.5 kWh/m²。2016 年单位建筑面积年综合电耗约为 87.5 kWh/m²；2017 年单位建筑面积年综合电耗约为 80.2 kWh/m²。综合测算年均节省电费约 800 万元。项目中水雨水年回收约 2.3 万 m³，节约水费约 10 万元。

环境效益：项目节能率为 61.46%，单位面积节电量 27.5 kWh/m²·年，每年总节电量 735.1 万 kWh；相当于节能 2646.27 t 标准煤；减少二氧化碳排放 6933.23 t，减少二氧化硫排放 22.49 t，减少氮氧化物排放 19.58 t。

社会效益：项目作为超高层建筑，绿色建筑的规划从项目立项开始，将绿色建筑三星级的目标写入所有工程建设合同，项目竣工后，项目管理人员直接转岗进入运营管理岗位。前后经历 12 年（建设 8 年，运行 4 年）最终获得了国家最高等级的绿色建筑三星设计标识、绿色建筑三星级运行标识和绿色建筑创新一等奖。项目绿色建筑的创建过程与全寿命周期的管理理念具有很强的示范意义。项目作为深交所与中国结算公司的办公楼，是国家金融接待窗口，每年接待各类访客 5 万多人，为绿色建筑的宣传推广具有很好的社会价值。

深圳市龙悦居三期 1 栋

设计单位：深圳市华阳国际工程设计有限公司
咨询单位：深圳市建筑科学研究院股份有限公司
项目地址：深圳市宝安区龙华扩展区（白龙路与金龙路交汇处）
用地面积：11002.06 m²
建筑面积：3.07 万 m²
项目进展：2012 年 8 月竣工
获奖情况：国家绿色建筑设计评价标识三星级
深圳市绿色建筑铂金级

效益分析

经济效益：项目围护结构全年节电量约为21.68万kWh，按照深圳市居住建筑电价0.68元/kWh计算，全年的节电费约为14.74万元。太阳能热水系统平均每天提供生活热水约3.7万L，年提供生活热水约1.3万t，可节省电量约63.4万kWh，按深圳市居民用电0.68元/kWh计算，全年节省运行费用43.13万元。中水循环利用，人工湿地每年使污水排放量约减少1409.1t，每年节约费用约0.4万元。

环境效益：项目围护结构全年节约标煤88.88t，CO_2减排量为219.54t，SO_2减排量为1.78t，粉尘减少量为0.89t。减少空气污染和温室效应。太阳能热水系统全年节约标煤260.07t，CO_2减排量为642.37t，SO_2减排量为5.20t，粉尘减少量为2.6t。中水系统、人工湿地提高了水资源的利用效率，美化了环境。

社会效益：项目将可持续发展的理念贯穿于龙悦居三期项目的规划设计、建筑设计、建材选择、施工及运营管理等全过程，促进人与自然、资源与环境、人与室内环境的和谐发展。通过该项目经验成果的扩散，以及项目的展示和宣传作用，可使人们认识到保障性住房舒适性的提高，引导保障性住房的设计、建造等从良性、环保和可持续方向发展，推动深圳保障性住房建设设计、施工和建材的革新，为保障性住房的绿色建筑技术应用提供实际经验，并带动保障性住房建设的可再生材料，PC预制构件应用，保障性住房装修一体化设计应用等，具有非常重要的推广价值。

技术节点

预制混凝土构件

节水节材

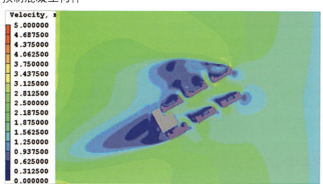

小区夏季室外人行高度风速分布云图

小区夏季室外人行高度风速分布矢量图

深圳太平金融大厦

设计单位：深圳市建筑设计研究总院有限公司
　　　　　株式会社日建设计
咨询单位：深圳市建筑科学研究院有限公司
项目地点：深圳市福田区益田路与福中三路交汇处西南角
用地面积：8056.02m²
建筑面积：131280.7m²

建筑高度：地上48层，地下4层，共228m
获奖情况：
　　国家绿色建筑设计评价标识二星级
　　深圳绿色建筑设计评价标识金级
　　深圳市2010年度第二批绿色建筑示范项目
　　全国建筑业绿色施工示范工程等

技术节点

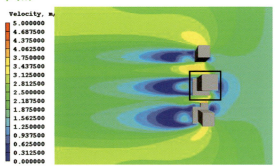

夏季上帝风环境分析

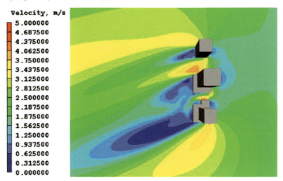

冬季场地风环境分析

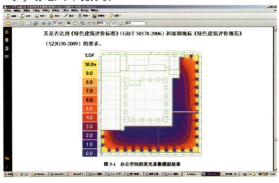

标准办公层采光分析

光导管示意

格状外遮阳

下沉广场

效益分析

经济效益：该项目总投资 21 亿元，绿色建筑增量投资约 657.11 万元，预计每年可减少运行费用约 204.7 万元，其中相对常规建筑每年节约常规电能约 260 万 kWh，节约电费 283.1 万元（按 1.089 元 /kWh 计），建筑节约用水量 16352.0t，非传统水源利用率 6.6%，节约水费 7.44 万元（按 4.55 元 /t 计算）的经济效益指标。

环境效益：项目每年常规节能减排 CO_2 为 2592.2t（按 0.997kg/kWh 计算）；市政中水回用减排污水排放 14716t（按 0.9 排放系数计算）。为改善空气质量、控制温室效应以及节约水资源、减轻市政供水压力贡献了自己的力量。

社会效益：项目通过打造为深圳市金融中心区域的国家二星级和深圳金级绿色建筑，非常有利于绿色建筑成果宣传和推广扩散，引起社会公众广泛关注。对全体市民具有很大的科普教育意义，有利于形成绿色建筑应用的良好社会氛围。另外，通过该项目可积累超高层绿色建筑应用的成功经验，为今后超高层绿色办公建筑的建设提供经验积累。

天安云谷

设计单位：深圳市华阳国际工程设计有限公司
咨询单位：前海引绿科技（深圳）有限公司
用地面积：76 万 m^2
建筑面积：289 万 m^2
获奖情况：中国节能低碳综合服务示范区
国家绿色建筑运营二星及全国绿色建筑创新二等奖项目

技术节点

园区能耗

驾驶舱

效益分析：

项目以全息观念规划、智慧服务驱动，利用智慧服务CC+平台、IBMS智慧楼宇自控系统、EMS可视化能源管理系统等手段，将园区一切行为可监控、数据化和智能化，从能效精细化管理、资源高效利用、优质空间共享、绿色文化塑造四个方面开展绿色运营。自项目投入运营以来，成功监测并解决近300项公共能效异常问题，为300多家入驻企业提供节能服务，协助约30家企业取得明显节能效果，项目整体节能价值超200万元/月；园区绿色电动巴士、城市候机楼等绿色交通年均服务人数达5万多人；全年环境空气质量优良天数超过300天；创建了4个云谷绿色文化品牌，为园区企业和人才构建了一个和谐、低碳、生态、绿色发展的平台。

平安金融中心

设计单位：悉地国际设计顾问（深圳）有限公司
咨询单位：前海引绿科技（深圳）有限公司（马特迪扬）
项目地点：深圳市福田区益田路 5033 号
用地面积：18931.71m²
建筑面积：45.82 万 m²
建筑高度：588 m
项目进展：2016 年 12 月投入使用
获奖情况：国家绿色建筑设计标识三星级，英国 BREEAM NC Verygood 级认证，美国绿色建筑委员会 LEED CS 金级认证，深圳市绿色建筑设计标识金级

外幕墙 Low-E 玻璃系统

并联内融冰系统

效益分析

项目由一栋 588m 超高层和不超过 52m 的裙楼组成，与在建中的南塔通过地上地下空间的连接进行整体设计，进一步提升中心区的城市环境与连接性，并提供更多的公共空间供市民活动。建设目标为国际一流的、可持续发展的智慧型高品质商务建筑，集智慧型办公、商业、观光等综合功能于一体的城市综合体建筑，为最终用户提供优质服务，与南塔共同打造成为深圳市新的地标性建筑。

深圳壹海城北区 1、2、5 号地块

设计单位：深圳华森建筑与工程设计顾问有限公司
咨询单位：深圳万都时代绿色建筑技术有限公司
项目地点：深圳市盐田区沙头角片区
用地面积：6.16 万 m²
建筑面积：18.88 万 m²

建筑高度：98m
项目进展：2014 年 7 月投入使用

获奖情况：绿色建筑评价标识三星级（设计+运行）、深圳市绿色建筑示范项目、国家绿色建筑创新奖一等奖

屋顶绿化

中央公园

采光井

立体绿化

商业外遮阳

非传统水源利用

效益分析

经济效益：壹海城北区项目按国家绿色三星进行设计及运行，为项目创造了良好的经济优势及品牌优势，依靠优越的环境及良好的节能效果，项目节能技术每年可以节约运营成本约 150 万元。每年可节约自来水用量约为 10 万 t，每年节约用水成本 33 万元。

环境效益：根据项目围护结构做法及节能技术的应用，可比国家基准建筑节能每年约 150 万度电，折合每年标准煤减排量 111 t，项目非传统水源节水率为 41.87%，减少水资源利用量，项目节能减排效果明显。

社会效益：壹海城秉承绿色建筑的宗旨，用最少的资源打造节地、节能、节水、节材、舒适、安全的建筑，不管是成本效益的角度，还是建筑设计形态转换的角度，项目的实践效果为以后的绿色建筑设计提供经验与思考，为深圳市绿色建筑设计起到良好的示范作用。

福田区环境监测监控基地大楼

设计单位：深圳市建筑科学研究院股份有限公司
咨询单位：深圳市建筑科学研究院股份有限公司
项目地址：深圳市福田区安托山片区
用地面积：2816.9m²

建筑面积：1.37 万 m²
项目进展：2015 年 5 月竣工
获奖情况：绿色建筑设计评价标识三星级
深圳市绿色建筑设计铂金级
绿色建筑创新奖一等奖

技术节点

太阳能光伏发电系统

地下导光管

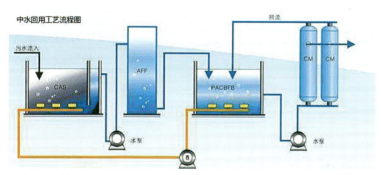

中水回用系统图

二氧化碳传感器

垂直绿化

效益分析

综合考虑项目建筑外围护结构节能设计、高效采暖空调系统、照明等机电设备系统的贡献，经估算，项目绿色建筑技术增量成本约150.65万元，预计全年节电量36.3万kWh，预计全年节水量可达2777.9t。

项目全年节电量折算成标煤用量约74.5t，即每年可减排CO_2 184t，减少了空气污染和温室效应。同时，中水回用和雨水入渗减轻了市政排水管网的负荷。

侨香村经济适用房

设计单位：深圳市华阳国际工程设计股份有限公司
项目地点：深圳市福田区
设计时间：2005年
竣工时间：2009年
用地面积：127790m^2
总建筑面积：524000m^2
主创建筑师：孔辉、梁绿荫
设计团队：

- 建筑：符润红　王亚杰　庄源钰　赵　雪
- 结构：张　琳　张德龙　陆秋风
- 电气：李炎斌　张定云　欧阳庄宜
- 暖通：李昱林
- 给排水：章才能　刘小辉　徐　锦
- 装修：邹　颖

项目荣誉：
全国勘察设计行业第四届华彩奖银奖
深圳第一批"住宅产业现代化示范基地"
深圳市"循环经济示范基地"
2007年建筑节能和绿色建筑示范项目
2010年深圳市第十四届优秀工程勘察设计
"住宅建筑一等奖"
2011年广东省优秀工程勘察设计住宅一等奖

作为深圳市循环经济示范小区的侨香村，坐落于深圳市福田区安托山东片区，是一处绿化覆盖率达到58%，充分应用节能、节水、节地、节材和环保技术的，具有设计前瞻性的住宅小区。

项目总用地约13万m^2，方案设计以城市设计的视角，顺应地势进行布局，并最大化地挖掘地块环境资源，以降低设计层面的能耗。同时优质饮用水系统、中水处理系统、雨水收集与利用系统、太阳能光热系统、太阳能发电系统、建筑节能、垃圾处理等七大系统的应用，充分验证了可再生能源在建筑中的规模化利用的有效性。而每年节水78万t、节电1030万kWh、减少二氧化碳排放量1.1万t等效应数据，也为市民提供了了解和认识循环经济、提高节能环保意识的典型范例。太阳能屋顶雨水收集中水收集

中国移动深圳信息大厦

设计单位：深圳市建筑设计研究总院有限公司
咨询单位：深圳市建筑科学研究院股份有限公司
项目地点：深圳市福田区深南大道
用地面积：5630.72m²
建筑面积：103174.71m²
建筑高度：180m

项目进展：2016年6月投入使用
获奖情况：国家绿色建筑设计标识二星级、广东省土木工程詹天佑故乡杯、2016年广东省BIM应用大赛一等奖、美国LEED金级认证、2017年度广东省建设工程金匠奖、2017年度广东省建设工程优质奖

建筑设备管理系统

采光井

屋顶绿化

屋顶天窗

节水灌溉

中水机房

效益分析

经济效益：综合考虑本项目建筑外围护结构节能设计、高效采暖空调系统、照明等机电设备系统的贡献，能够实现建筑设计总能耗低于国家批准或备案的节能标准规定值的80%，建筑节能率高达60.9%，同时采用节能型灯具，预计全年节电量34.17万kWh；利用中水预计全年可节约自来水用水量约为2.52万t，节约自来水用量同时，也减少了对外的污水排放量，可实现年减排量约为2.77万t；经测算分析，估算每年预计可减少运行费用约113.14万元。

环境效益：本项目全年节电量折算成标煤用量约512.06t，即每年可减排二氧化碳1264.8t，减少了空气污染和温室效应。同时，中水回用和雨水入渗减轻了市政排水管网的负荷，降低了就近水体的雨洪威胁。

社会效益：项目在设计和施工方面斩获了多项含金量高的技术大奖，标志了项目在社会上的绿色建筑领头羊身份。本项目除了满足中国移动通信集团广东有限公司深圳分公司自身办公应用外，还将探索南方地区适用的绿色建筑技术，将成功的设计、施工、运营管理经验推广至其他建筑项目。中国移动深圳信息大厦项目以国家绿色建筑二星级为开发目标，希望在积累绿色技术经验的同时探索绿色建筑开发的模式，建立适宜推广的绿色技术体系，在集团内部和社会上都具有很好的示范意义。

蛇口邮轮中心

设计单位：广东省建筑设计研究院
咨询单位：深圳市骏业建筑科技有限公司
项目地点：深圳市南山区蛇口太子湾片区
用地面积：42614.78m²

建筑面积：13.8 万 m²
建筑高度：43.5m
项目进展：2016 年 11 月投入使用
获奖情况：绿色建筑评价标识三星级（设计、运行）

BIM 技术应用

地下车库采光井

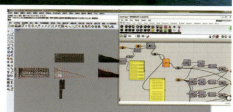

外立面参数化设计

效益分析

经济效益：本项目综合单方造价约为 12025 元/m²，冷水机组年节电量约为 45.9 万 kWh，智能照明系统年节电量约为 24 万 kWh，变配电系统及公共通风系统年节省费用约 384 万元。节水方面通过设备改善及后期管理减少漏损消耗约为 90% 以上。整体绿色技术可节约年运行费用约 34.27 万元/年。

环境效益：本项目建造阶段通过节材、运输优化、绿色施工等方式减少二氧化碳排放约 18400 t。运营阶段通过优化管理、设备维护、能耗监管等方式减少二氧化碳排放约 1000 t。本项目施工过程中充分利用雨水，共减少传统水源利用约 100215.64 m³。

社会效益：本项目通过合理的方案设计、适宜的绿色技术应用、绿色施工组织实施、科学的运营监控管理，打造实现了一个高效、绿色、节能、舒适的现代化国际邮轮母港，在服务社会的同时也实现了绿色节能运营的良好示范，本项目 2017 年的客流量高达约 549 万人次。

深圳万科云城（一期）1 栋 A、B 座、4、5 栋

设计单位：深圳市华阳国际工程设计有限公司
咨询单位：深圳万都时代绿色建筑技术有限公司
项目地点：深圳市南山区西丽街道创科路
用地面积：19670.19 m²
建筑面积：7.99 万 m²

建筑高度：99.15/133.55 m
项目进展：2017 年 1 月交付使用
获奖情况：国家三星级绿色建筑评价标识（设计）、深圳市银级绿色建筑标识（设计）

地下室 PV-LED 照明

屋顶太阳能光伏发电

风雨连廊

效益分析

经济效益：该项目相对常规建筑每年能节约电能约 59.93 万 kWh，节约电费 38.17 万元，项目整体节约用水 8551.47t，节约水费 2.95 万元。

环境效益：该项目每年常规节能减排 CO_2 54.28 万 t，2017 年全年光伏发电 3.97 万 kWh，减排 CO_2 3.85 万 t，2017 年全年中水和雨水回用减少外排水量 1813t。为减少碳排放、改善空气质量以及节约水资源、减轻市政供水压力贡献一份力量。

社会效益：项目在设计阶段考虑了节地、节水、节能、节材、室内环境质量和运营管理六大系统的内容，充分利用整体及周边资源，雨水、中水回用是项目对非传统水源利用的实践，太阳能光伏发电 LED 照明系统是项目对可再生能源利用的尝试，两者对于未来小区非传统水源回用、光伏发电利用提供了经验参考；同时也对整个留仙洞战略性新兴产业总部基地的绿色实践起到带头示范作用。

布吉街道木棉湾学校

设计单位：建学建筑与工程设计所有限公司
咨询单位：建学建筑与工程设计所有限公司
项目地址：深圳市龙岗区布吉木棉湾育苗路1号
用地面积：22882.69m²

建筑面积：60695.74m²
建筑高度：地上6层，地下2层，共23.7 m
项目阶段：施工阶段
获奖情况：国家绿色建筑设计评价标识二星级

风环境模拟

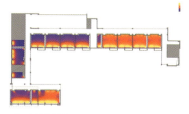
光环境模拟

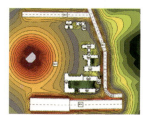
声环境模拟

效益分析

经济效益：该项目雨水收集系统投入19万元，且采用节水器具、滴灌灌溉系统和土壤湿度感应器，每年节约水费约6400元。

环境效益：本项目采用雨水收集系统，收集屋顶雨水回用到场地绿化浇洒和道路冲洗，室外绿化和屋顶绿化浇洒采用了滴灌灌溉系统和土壤湿度感应器，可以缓解城市水资源紧缺，改善水循环系统和城市生态环境。根据当地的气候环境条件，充分利用屋顶设计屋顶绿化，减少城市热岛效应，保护环境、创造绿色生态；在建筑东西向外立面设计立体绿化，除了有遮阳作用，还提高了场地的绿容率；在项目主要功能房间的楼板采用了隔声垫，有效地减少室内楼板撞击声，营造安静舒适的室内环境。

社会效益：该项目选址于深圳市龙岗区布吉街道，为木棉湾学校。项目除了满足本项目给学生提供优质、健康的教学环境外，将绿色建筑理念纳入学校的建设中，在给予学生绿建环保的教学环境的基础上，也给学生带来了节能环保的教育意义，同时也是龙岗区较有特点的绿色建筑学校，可以起到良好的示范作用，体现良好的社会责任感。

第 6 章 装配式建筑

深圳装配式建筑发展概述（龙玉峰）　/166

1- 万科第五园第五寓　/172

2- 龙悦居三期　/174

3- 招商中外运长航物流中心（招商中环一期）　/176

4- 万科云城（一期）　/178

5- 清华大学深圳研究生院创新基地（二期）　/180

6- 华润城润府三期　/182

7- 万科金域九悦花园　/184

8- 万科渔一村　/186

9- 万科水径　/188

10- 万科沙井上星　/190

深圳装配式建筑发展概述

· 龙玉峰 深圳市华阳国际工程设计股份有限公司集团副总裁，国家装配式建筑技术创新联盟副理事长，专家委员会主任。

改革开放40年，深圳由南海之滨的边陲小镇一跃成为举世瞩目的特大型都市，也迎来了高速城镇化的建设期。在传统的建造方式面临建筑裂缝、渗漏等诸多质量通病，建筑材料浪费、环境问题严重等较多的社会问题之时，深圳作为经济特区，先行先试，在全国率先全面推进装配式建筑发展，提高建筑品质和效率，减少人工，实现节能减排，由"深圳速度"向"深圳质量"转型，从国内首个住宅产业化试点城市升级为首批装配式建筑示范城市。

一、深圳装配式建筑发展的三个阶段

深圳装配式建筑40年，经历了停滞期、探索期再到大力发展三大阶段，每个阶段与国家大的政策走向和经济形势相关联，每个阶段都呈现阶段性特征。

1. 预制混凝土技术应用停滞期（1978～1998年）

1978年原国家建委提出"三化一改"（建筑设计标准化、构件生产工厂化、施工机械化和墙体改革），政府也出台一系列与住宅产业化相关的政策制度。在此期间，预制技术体系主要分为适用于多层建筑的预应力空心板体系和适用于高层建筑的装配式大板结构体系。全国范围内建设了大量的装配式大板房，一定程度上满足了当时的住宅需求量。

1985年以后，人民生活水平提高，对住宅建筑提出了平面多样化和使用功能的要求逐步提升，但装配式大板住宅由于当时产品单调，渐渐不能满足户型多样化的需求。唐山大地震后，人们对建筑物的抗震安全性尤为关注，装配式大板住宅的结构整体性和抗震安全性不如现浇混凝土建筑，且造价偏高，隔声、防水、保温隔热方面一些关键技术问题尚未解决，建筑工业化综合效益不高，其建设任务呈逐年下降的趋势，装配式大板住宅逐渐退出历史舞台。

20世纪90年代以后，我国城市建筑需求增长旺盛，同时经营特点也发生了重大的变化，一方面建筑向高层为主的方向发展，现浇混凝土大模建筑的结构整体性好，因而抗震性能好，能做成大开间、大空间，满足市场对建筑多样化的需要。另一方面商品混凝土的生产、配送、泵送技术逐渐成熟，且一次投资少，技术容易掌握，便于普及推广，技术经济效果好，施工速度快，工程质量好。现浇混凝土成套技术适应了市场经济新条件下高层建筑快速发展的需要，形成了以机械化为核心的建筑工业化的新形式和新发展。预制混凝土技术基本处于停滞状态。

2. 新型装配式建筑技术体系建立期（1999～2009年）

万科2号工业化实验楼

万科6号工业化实验楼

万科第五园第五寓

1999年8月，国务院发布了《关于推进住宅产业化，提高住宅质量若干意见》，要求加快住宅建设从粗放型向集约型转变，推动住宅产业现代化，提高住宅质量，该文件第一次明确提出了住宅产业现代化的概念和工作安排，吹响了推进住宅产业化发展的号角。

2002年，成立深圳市住宅产业化工作领导小组，其工作内容为审议全市住宅产业现代化发展规划及政策，协调和解决住宅产业现代化促进工作中出现的重大问题。

万科集团的王石首先提出"像造汽车一样造房子"，开启了建筑工业化的研究。万科与日本前田建设合作，引进日本PC工法及住宅产业化技术和生产方式，探索我国新型建筑工业化的技术体系和发展方式。

2004年起，万科建筑研究中心与深圳万科一起建造"1、2、3、4号工业化实验楼"，主要借鉴日本的全预制混凝土框架结构体系，同时引入外墙"内浇外挂"体系，内装采用日本的SI分离体系。经过几栋试验楼的实践探索，我们发现全预制混凝土框架结构体系对精度要求过高，外墙接缝观感差、渗漏风险较大，且预制柱和预制梁缺乏规范支撑，SI分离和装修也缺少材料和合作资源。

因此，在后续的研究中，我们将日本技术与国内实际情况相结合，重点研究"内浇外挂"体系，建造了"6号实验楼"，并在2008年开工的万科第五园五期12号楼（第五寓）中进行试点应用。采用框架结构、"内浇外挂"体系，预制构件包括预制叠合梁（部分）、预制外挂墙板、叠合楼板、预制楼梯、预制率达到50%以上。结构柱采用小钢模板现浇，再外挂预制墙板，吊装叠合梁、叠合楼板，浇筑混凝土，机电和装修与传统项目一致。通过几栋试验楼和第五寓的实践，初步形成了深圳市"内浇外挂"工业化体系，积累了建筑工业化的宝贵经验，培养了华阳国际、中建三局、鹏城建筑等第一批国内工业化设计、施工企业，但同时我们也遇到成本高、技术瓶颈的难题。

基于实验楼和万科第五寓的项目实践经验，深圳市编写了国内第一部装配式混凝土规范——《预制装配整体式钢筋混凝土结构技术规范》，对预制装配整体式钢筋混凝土建筑的结构设计及受力分析、构件连接、防水设计、预制构件制作及施工验收等方面进行了规定，填补了国内装配式建筑规范标准的空白。

2006年11月，原建设部授予深圳市全国首个"国家住宅产业化综合试点城市"，希望深圳作为经济特区有立法权，期望其在产业化政策和体制方面有所突破。2007年11月，建设部确立万科企业股份有限公司、深圳市嘉达高科产业发展有限公司为"国家住宅产业化基地"。

3．装配式建筑技术大力推广应用期（2010年至今）

政策体系基本建立。2014年起，深圳市相继出台了《深圳市装配式建筑发展专项规划2018～2020》《关于加快推进装配式建筑的通知》《深圳市装配式建筑住宅项目建筑面积奖励实施细则》《深圳市装配式建筑工程消耗量定额》《EPC工程总承包招标工作指导规则（试行）》等十多个政策文件，对深圳市装配式建筑的主要任务、工作计划和保障措施进行全面部署，充分调动市场主体的积极性和创造性，形成群策群力的局面。

技术体系不断完善。国家先后发布了《装配式混凝土结构技术规程》《装配式建筑评价标准》等规范及《装配式混凝土连接节点构造》15G310-1～2等9本国标图集。深圳市也先后发布了《预制装配钢筋混凝土外墙技术规程》《深圳市保障性住房标准化设计图集》等多个地方技术规范和图集，为装配式建筑发展提供有力的技术支持。以万科、华阳国际为首的相关企业对装配式建筑相关配套技术开展深入研究，如外墙采用铝模全混凝土外墙、取消砌筑抹灰；内墙采用预制内隔墙条板或轻钢龙骨内隔墙，实现内外墙免抹灰；同时采用爬架，实现主体结构和精装修交叉施工。通过多个项目的实践，工程质量和效率提升明显，颠覆了木模+砌砖抹灰+脚手架的传统建筑施工方式，突破了"工业化就是预制"的概念瓶颈，找到了一种符合深圳行业发展趋势、资源和技术都容易实现、可大规模推广的工业化方式。同时，还吸取并改良了国内外先进技术，在装配式混凝土结构和钢结构等领域，形成适合深圳地区特点的技术路线。

规模效应逐渐凸显。自2010年装配式技术在龙悦居三期保障性住房项目示范成功后，即在多个项目进行推广应用。其中裕景家园为深圳市首例装配式剪力墙项目，预制率为41.5%，装配式60%以上。华润城润府三期建筑高度近180m，为目前全国最高的装配式住宅项目。万科云城项目外墙全部为清水混凝土预制墙板，开创了深圳办公建筑采用建筑产业化方式的历史。清华大学研究生院创新基地建设工程（二期）是全国运用装配式技术建设的教学楼，

万科云城——全国首个装配式超高层办公建筑群

亦是深圳市工务署运用产业化的公建项目。建筑设计全过程采用 BIM 技术实现结构、机电系统与建筑的一体化创新设计，创造科研空间最大的适应性。在施工过程中，采用 BIM 技术进行现场人员、机械、材料管理，实现智慧化工地。

截至目前，深圳全市已建成装配式项目达 14 个，总建筑面积 140 万 m^2；在建项目 31 个，总建筑面积 364 万 m^2；纳入市装配式建筑项目库统计的项目已达 100 个，总建筑规模超过 1000 万 m^2。

市场主体积极参与。积极探索，以龙头企业引导产业发展，建成了万科、中建国际海龙、中建钢构、嘉达高科、华阳国际、华森设计、鹏城建筑、筑博设计等多个国家装配式建筑基地，有力地带动和整合了产业链上下游的生产能力，基本形成涵盖开发建设、规划设计、部品部件生产、装配施工的全产业链。

产业配套日益夯实。借助于粤港澳大湾区日益健全成熟的产业配套优势，深圳及周边地区已有 30 多家预制部品构件生产企业，深汕合作区内多个预制构件厂也已开工建设，未来几年内供应深圳的产能将较为充足。

二、深圳装配式建筑发展的特点

政府投资项目与商品房项目齐头并进。深圳装配式建筑发展初期，在政策的引导下，部分企业从提高建筑质量、提高建设效率、减少人工等企业内在诉求出发，积极主动地开展装配式建筑技术研发、项目试点和成熟技术推广应用。随后，政府投资建设的保障性住房（含人才房）及公共建筑项目中强制要求采用装配式建筑技术。目前形成了全市新开工商品房和保障性住房多为装配式建筑的局面。

创新工作机制，鼓励行业自治。在装配式项目推进过程中，政府主管部门建立完善市、区装配式建筑工作联席会议制度和月报制度，定期通报、交流和部署全市装配式建筑工作。全面推行项目技术认定和项目巡查制度，规范项目设计和建设实施要求，及时了解和解决项目中遇到的困难和问题。积极鼓励和大力支持行业协会，协助政府部门加强行业自治管理，提高行业协会社会公信力，规范市场秩序。

重视技术体系建设。以"两提两减"为核心目标，设立装配式建筑技术专项课题，开展装配式建筑技术体系、铝模等配套技术研究，编制了相关技术规范、标准及项目应用指引，形成了适用于深圳地区装配式建筑发展的成套技术体系。

创新项目管理，加强信息化应用。大力促进装配式建筑项目管理向一体化建设模式转变，多个装配式建筑项目采用 EPC 工程总承包和全过程咨询模式。加大信息化技术应用和管理平台建设，要求全市装配式建筑项目全部应用 BIM 技术，开发了全市装配式建筑项目管理信息系统，以项目开发为主线，实现项目立项、设计、认定、生产、施工、监督、验收等各阶段的信息衔接和整合，并已投入试运行。

建设新型人才，培养产业工人。深圳在国内率先创设装配式建筑专业技术职称，2017 年启动首批初中高级装配式建筑工程师的评审工作，为装配式建筑发展提供不同梯级人才队伍的需求。依托装配式建筑骨干企业和产业基地，建立全市首批十大装配式建筑实训基地，通过"课堂教学、操作培训、技能鉴定"三位一体的综合性实训，推动建筑劳务工向职业化、产业化、现代化工人转型。深入开展专题政策宣贯和技术培训，至今已开展 13 期，培训人次超过 5000 人。

三、深圳装配式建筑发展展望

党的"十九大"报告提出"质量强国"和"质量第一"的质量发展理念，进一步充分体现出党对质量工作的高度重视，这对于深圳建筑领域来说，既是新的机遇，也是重大挑战。深圳将紧紧围绕国家和省赋予的定位，做好全国装配式建筑示范城市的各项工作。

加强规划引导统筹。加快落实深圳市装配式建筑发展专项规划，建立从供地源头落实发展装配式建筑的机制，分区域、分类型、分阶段将发展装配式建筑的有关要求纳入供地方案，实现装配式建筑发展专项规划与土地利用、住房建设、城市更新、重点开发片区建设等各专项规划之间的无缝对接和衔接。

加大政策促进扶持。研究修订深圳经济特区建筑节能条例，通过立法将装配式建筑纳入建筑节能管理范畴，全面扩大激励政策对不同结构体系和项目类型的受惠覆盖面，促进各区、各部门共同推进装配式建筑工作，形成齐抓共管的良好局面。修订完善建筑废弃物减排与综合利用政策，禁止和淘汰落后的建造技术，落实建筑垃圾收费制度，提高施工环保标准，倒逼工程建设工程向新型绿色建造方式转变。

完善技术标准体系。研究制定符合深圳市实际的装配式建筑评价文件。鼓励社会组织编制部品部件设计、生产和施工工艺等团体标准和行业标准，促进关键技术和成套技术研究成果转化为标准规范，建立覆盖设计、生产、施工、检测、验收和运营维护全过程的装配式建筑标准规范体系。

加速项目提质扩面。大力推动装配式建筑从居住建筑向公共建筑、工业建筑以及市政基础设施的拓展应用。将装配式建筑的认定和推进工作延伸至不同的结构体系，把钢结构、钢－混凝土组合结构、箱式结构等适合工业化建造的结构体系纳入发展和管理范畴。大力推动全过程系统集成，从主体结构装配化向机电设备、装饰装修装配化全面延伸。

夯实产业发展基础。充分利用粤港澳大湾区的区域优势，从港澳地区学习先进技术和管理经验，通过优势互补，提升本土龙头企业核心竞争力，助推建设、设计、生产、施工等全产业链集聚，做大产业规模，带动行业健康发展。鼓励本土龙头企业走出去，开拓港澳地区及海外建筑市场，积极参与"一带一路"沿线国家和地区基础设施建设。

万科第五园第五寓

设计单位：深圳市华阳国际工程设计股份有限公司

项目地点：深圳市龙岗区

用地面积：4240.69m^2

建筑面积：14800m^2

设计时间：2007 年

竣工时间：2009 年

工法体系：框架结构工法体系 + 预制混凝土工业化体系

设计预制率：50%

实际预制率：30%

预制构件：外墙、楼梯、走道、楼板、梁、柱模板

获奖情况：

  深圳市第十四届优秀工程"住宅建筑一等奖"

  全国勘察设计行业第四届华彩奖金奖

  广东省十一届优秀勘察设计行业住宅二等奖

  第七届全国优秀建筑结构设计三等奖

  深圳市第一个住宅工业化试点项目

深圳万科第五园第五寓是针对年青人的"单身公寓",是一栋12层高的工业化试点住宅楼。作为华南地区首个应用"内外挂体系"的工业化住宅项目,及工业化住宅项目投入市场的第一案例,万科第五寓的工业化预制程度达到50%。设计基于SI工业化住宅技术体系,首次实现了建筑设计、内装设计、部品设计的全流程一体化控制。

针对用地面积不足5000m²的单体建筑,以及预制装配式生产可能带来的成本增加问题,设计团队改变了以往以居住模块为基本单位的设计思路,转向以批量化、标准化的部品部件复制与组合设计的方向,并将预制梁、预制柱模板、外挂板工法体系等进行整合,形成了适应华南地区的低建筑规模的"预制框架结构体系"。

项目的成功实施,是华阳国际在工业化设计领域的一次全面实践,也是在建筑品质、建造周期、节能环保等方面效果的全面印证。从设计至今,项目所涉及的工业化设计难度系数和技术含量仍在行业前列。华阳国际也在此项目基础上参与编制完成了深圳市《预制装配整体式钢筋混凝土结构技术规范》SJB18-2009。

龙悦居三期

设计单位：深圳市华阳国际工程设计股份有限公司
主创建筑师：王 格　吴素婷
设计团队：
　　建筑：龙玉峰　丁 宏　王亚杰　焦 杨　王保林
　　　　　　吴素婷　王 格　刘 慧
　　结构：张学民　赵晓龙　刘丰峰　杨 涛　李义娟
　　　　　　林碧懂
　　给排水：章才能　刘小辉　徐 锦　刘 毅
　　　　　　胡定成
　　电气：陈 娟　张定云　谢雪梅　崔天龙
　　暖通：黄敏华　倪晓明　胡 勇　魏松柏　黄尧锟
　　总图：李 勇　赵卫国
项目地点：深圳龙华新区

设计时间：2010 年
竣工时间：2012 年
用地面积：50132m²
总建筑面积：216200m²
工业化体系：预制混凝土工业化体系

奖项荣誉：
2015 年中国土木工程詹天佑奖优秀住宅小区金奖（保障房项目）
2011 年中国首届保障性住房设计竞赛一等奖、最佳产业化实施方案奖、国家康居示范工程

作为深圳 2011 年度的重大项目之一，位于龙华新区的龙悦居三期是采用工业化生产方式建设的政府公共租赁住房，也是全国首个大规模建设的工业化保障性住房项目。项目总建筑面积约 21.6 万 m^2，整个小区由 6 栋 26～28 层的高层住宅组成，包含 $35m^2$、$50m^2$、$70m^2$ 三种户型，共 4002 套。

依据场地特点和项目需求，项目采用了 PC 外墙先装法，竖向受力剪力墙现浇的外挂板工法体系。设计采用"模数化""标准化""模块化"的工业化设计理念，以实用、经济、美观为基本原则，发挥工业化优势，控制造价，让工业化的推广价值得到体现的同时，给居民特别是老年人和小孩提供充足的活动场所，创建绿色环保社区。

希望通过项目的示范，推动工业化技术在保障性住房中的大规模应用，促进住宅产业向集约型、节约型、生态型的方向转变，推进建筑产业现代化进程，实现可持续发展的社会意义和价值。

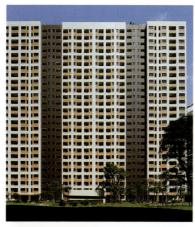

招商中外运长航物流中心(招商中环一期)

设计单位:深圳市华阳国际工程设计股份有限公司
主创建筑师:张 霜
设计团队:
  建筑:龙玉峰 丁 宏 于克华 谌贻涛 陈 巍
  结构:赵晓龙 汤志杰 唐 志 黎 彬 杨 涛
  给排水:伍 凌 陈维华 刘 慨 张 龙
  电气:李炎斌 邓伟光 苏东坡 程 卓
  暖通:赵 伟 李春艳 叶宏基 胡 勋
项目地点:深圳市罗湖区
总建筑面积:39847.82m²
设计时间:2015年
竣工时间:2017年

工法体系:现浇剪力墙预制外挂墙板+叠合楼板工法体系
预制率:16%
实际预制率:53%
预制构件:预制外墙(非承重墙)、PCF外墙、预制叠合阳台、预制楼梯

奖项荣誉:
  首个通过深圳装配式认定的超高层商务公寓
  2016年及2017年深圳市重大项目
  2016年度深圳市装配式建筑示范工程

为响应深圳市政府"深建字〔2014〕193号文件《关于加快推进深圳住宅产业化的指导意见（试行）》，招商蛇口选取了招商中环1号地块的两栋超高层公寓进行了试点。

两栋公寓层数为36层，建筑高度为118.65m，4～36层部分采用装配式手段建造。两栋塔楼仅使用了三种标准套型，分别为80m²、100m²和120m²，再通过镜像对称手法形成一梯六户的平层套型。在建筑体型方面，外墙体设计尽量平整，避免过多的凹进凸出，控制外墙体构件数量，同时降低建筑的体形系数，使结构更加合理的同时达到节能保温效果。

项目是"现浇剪力墙预制外挂墙板+叠合楼板工法"体系首次在超高层公寓建筑中应用的成功案例。该体系以华阳国际在万科建研基地实验楼外墙连接的技术研究及万科第五寓、龙悦居三期的实践经验为基础，结合深圳南方多雨和多台风的气候条件，改进优化形成了一套成熟的外挂预制墙技术，在外墙防水和预防质量通病方面效果显著。

2016年7月1日，项目通过了由深圳市住建局组织的深圳市装配式建筑设计阶段技术认定会专家评审；2017年5月10日，项目获得市住建局正式批复，成为通知颁布实施后深圳首个通过设计阶段技术认定的装配式商务公寓项目，亦是深圳市当时在建公寓中唯一的产业化项目。

万科云城（一期）

设计单位：深圳市华阳国际工程设计股份有限公司
主创建筑师：张胜强　吴昱　龙玉峰　丁宏
设计团队：张伟　刘瑞娟　李文渊　倪耀　陈佳勇
　　　　　　刘鑫年　刘瑞娟　林海炎　王子文　卢宇鸿
　　　　　　黄泳洲　拓畅　王洋　金斌　马士衍
　　　　　　凌燊宏　刘伟　李祥柱　燕立欢　赵晓龙
　　　　　　王春才　杨涛　邹兴兴
项目地点：深圳市南山区
设计时间：2014～2018年
竣工时间：未竣工
用地面积：350000m^2
建筑面积：1760000m^2

万科云城一期位于深圳市留仙洞战略型新兴产业总部基地，是集公寓、产业用房、商业及公共配套活动广场等于一体的城市综合体工程。其中的一期03地块高层办公建筑为研发型产业用房，作为深圳首个大规模建设的装配式高层办公建筑群，开启了办公楼的工业化建造时代。

方案设计旨在为地块各部分建立高效的连接，分别在水平和竖向上设置城市公共走道、空中花园、休闲空间，提升研发产业办公环境。其中1栋150m超高层、5栋100m高层研发办公楼以及公寓、配套商业等，均采用内浇外挂体系，所有建筑外墙采用清水混凝土预制外墙构件，楼梯采用预制楼梯，主体结构采用铝模现浇，室内隔墙采用轻质混凝土条板，并采用自升式爬架等装配式施工技术，预制率约为17%，装配率约60%（按深圳市计算方式）。

立面设计以"少规格、多组合"为设计原则，追求干净、简约、大气的立面风格，建立统一的预制外墙立面系统，契合"云城"的概念。在标准立面单元的不变中寻求"窗"元素表达上的变化，利用"深窗""平窗""斜窗"等手法，寻求立面的多样性。素雅的清水面展示混凝土的肌理，配合"窗"元素营造光与阴影的变化，同时通过在连廊、空中平台等公共空间布置大量预制景观小品，使整个建筑成为工业化建筑的展示场所，呈现PC建筑返璞归真的工业化美感。

清华大学深圳研究生院创新基地（二期）

设计单位：深圳市华阳国际工程设计股份有限公司

设计团队：

- **建筑**：李文渊　余东霖　孙鼎原　陈倩蓉　曾德晓　卫可沁
- **结构**：程华群　谢春　汤嘉俊
- **给排水**：刘小辉　吕健
- **电气**：刘卫强　张伟
- **暖通**：胡勇　查静　颜福康
- **总图**：赵卫国　李勇
- **精装修**：黎俊　黄芝乐　黄灿辉　石植景
- **PC设计**：赵晓龙　王保林　黎彬　杨涛　宁伟　欧阳榕　邹兴兴　郭展鹏　陈巍

项目地点：深圳市南山区

用地面积：3551.5m²

总建筑面积：51400m²

设计时间：2015年

竣工时间：2018年

结构体系：框架核心筒结构

工业化工法：内浇外挂

预制率：20%

装配率：26%

预制构件：外挂PC墙、PC楼梯

主创建筑师：李伟　田晓秋

奖项荣誉：

深圳市第十七届优秀工程勘察设计BIM设计专项一等奖

2017年度广东省优秀工程勘察设计BIM设计专项奖三等奖

2016年"创新杯"建筑信息模型（BIM）设计大奖赛科研办公BIM普及应用奖

2016年广东省首届BIM应用大赛二等奖

中国房地产行业BIM应用大奖赛（智建杯）文化类BIM应用奖三等奖

实验楼位于清华大学深圳研究生院校园的公共核心区，也是作为科研实验区及校园未来发展轴线的新起点，通过底层架空的方式解决地面大量人流穿行的同时，打造成思想交流的科学主题广场。中部共享空间体系贯穿所有的实验科研空间，提供便捷层间交通的同时，激活高楼缺失的校园氛围。

　　项目从设计到建设尝试了多种建筑新技术——全流程、全专业BIM设计，运用公司工业化设计成果，大量构件采用预制技术，因此项目的施工工艺、管理水平都实现了前所未有的跨越，致力于打造成国家级优质精品工程，亦是深圳首栋装配式高层教研楼。

　　项目在外立面构件及外墙、核心筒内疏散楼梯均运用了装配式产业化设计，预制外墙与内保温实现一体化设计。立面统一的模数化体系，为工业化建造埋下伏笔。同时，借助BIM技术实现结构、机电系统与建筑的一体化创新设计，创造科研空间最大的适应性。首选被动式节能手段，发掘建筑自身组织自然通风采光的潜力，实现低造价高效率的新时代绿色建筑。

华润城润府三期

设计单位：深圳市华阳国际工程设计股份有限公司
主创建筑师：田晓秋　JOSEPH B.ZAPATA　刘　珂
设计团队：
　建筑：符润红　黎永祥　刘　珂　舒　予　张建锋
　　　　　储晓楠　陈正华　卜广华
　结构：张　琳　张均洲　彭建平　李　波　王　超
　　　　　陈　刚　贾鹏刚
　给排水：伍　凌　刘小辉　丁余作　辛　幸
　　　　　　冷志超　杜良涛
　暖通：赵　伟　叶宏基　董长进　曾繁顺　吴碧桥
　　　　　黎　雄　陈嘉琳
　电气：陈　娟　刘卫强　苏榕涛　张　伟　曹　元
　　　　　安时达　刘　璇

总图：李　勇　赵卫国
PC设计：赵晓龙　王保林　杨　涛　黎　彬
　　　　　　郭展鹏　宁　伟　苏小莲　刘丰峰
　　　　　　李　娟　林茂文　周溢广
项目地点：深圳市南山区
建筑面积：307600m^2
设计时间：2015年
工法体系：装配式内浇外挂工法
预制率：>15%
装配率：>56%
预制构件：混凝土外墙（含凸窗）、楼梯、阳台、叠
　　　　　　合楼板、内隔墙条板等

位于华润城地块中心的润府三期，由6栋120～180m超高层住宅及1栋180m超高层公寓组成，整体布局通过45°错位旋转扩大景观面及形成视觉通廊，并将华润城的高品质生活空间概念延续贯穿至整个设计当中。

作为现阶段全国装配式建筑高端住宅中高度首屈一指的项目，润府三期中6栋超高层住宅均采用装配式技术建造方式，标准层预制率不低于15%，装配率不低于56%，设计采用了预制混凝土外墙（含凸窗）、预制楼梯、预制阳台、叠合楼板、预制内隔墙条板等预制构件类型，并通过前期策划将PC体系与幕墙体系完美融合。

整个项目的设计和建设充分体现了超高层住宅采用装配式技术的系统优势，有效提高了项目的质量、效率与产品品质。

万科金域九悦花园

设计单位：筑博设计股份有限公司	设计时间：2014 年
合作单位：深圳万都时代绿色建筑技术有限公司	竣工时间：2016 年
设计团队：杨 晋　陈书敏　赵世军　饶 鑫　陈 曦	用地面积：60603.24 m^2
陆 健　蒋 琳　刘晓全　李小军　刘雅楠	建筑面积：196613.91 m^2
陶 理　肖元海　幺婷婷　侯连建　许 丰	建筑高度：100m
陈立民　蒋团前　俞能文　罗海武　胡伟政	
张民主　张 鑫　郑煌域　密建平　梁福盛	奖项荣誉：
黄文裕　周常远　姚伟祥　卢毓斌	2017 年第三届深圳建筑创作奖铜奖
工程地点：深圳	第十七届深圳市优秀工程勘察设计评选建筑工程设计二等奖

建筑创新点：

金域九悦花园是万科住宅产业化、标准化设计的代表作品。高层户型采用深圳万科第一代定型产品，塔楼平面由三个标准户型拼合而成。配合工业化铝模施工的精细化施工图设计，实现了土建与精装修的穿插施工，结合PC装配式外墙构件的使用，从住宅方案设计到施工图设计及施工工艺上都是全新的突破。

万科渔一村

设计单位：筑博设计股份有限公司

设计团队：

杨晋　陈书敏　郑潜程　钟锦招　张军　吴国营
曹黛　汤凯峰　蔡锦晨　吴卫东　袁少宁　郑勇辉
刘丽　刘晓波　武静燕　吕胜华　谢海泉　周祖寿
周小强　袁洋　周敏

项目地点：深圳

设计时间：2015 年

用地面积：19447.14 m²

建筑面积：194158.78m²

建筑高度：120m

万科水径

设计单位：筑博设计股份有限公司

设计团队：

杨 晋　陈书敏　龙 浩　曾小飞　刘 喆　陈 莉
伏亚力　陈 浩　龚少越　焦 践　陈 曦　吕 颖
吴万玲　田 媛　陈伟平　刘 驰　许 丰　陈立民
邓汉钦　林 意　杨 华　彭伟文　邱高艇　李小军
刘雅楠　彭道强　符举帅　李孟龙　郑勇辉　钟国戈
陈用珠　周小强　王鹍鹏　姜金峰　詹晓波　雷 净
刘 红　杨九申　姜日高　王延枝　吴必达　梁世成
廖 燕　林超楠

项目地点：深圳
设计时间：2015 年
用地面积：34996m²
建筑面积：151975m²
建筑高度：100m

万科沙井上星

设计单位：筑博设计股份有限公司

设计团队：

杨晋　焦践　赵世军　郑潜程　林丽锋　田媛
张涛　蓝素芬　万玲　姜成　胡爱　黄晓颖
陈曦　陈郁全　龙浩　钟锦招　易聪　王科
汤凯峰　李强　吴卫东　林汉强　徐子风　张宪朝
何一华　唐佳佳　李俊　龙冠超　冷清佑　何立才
许丰　陈立民　符举帅　王东旭　罗庆　张永峰
钟国戈　刘会琴　贺鹿鹿　梁龙刚　刘明祥　周小强
王鲲鹏　林武标　姜金峰　骆志铭　雷静　刘红
刘旭佳　林超楠　姚蕾　李洪珠　廖燕　钟媛玲
黄国梅　王延枝　李鹏程　梁世成　林超楠　姚香
黄国梅　李洪珠

项目地点：深圳
设计时间：2016 年
用地面积：1432974 m²
建筑面积：640800 m²
建筑高度：140 m

建筑创新点：

上星项目是万科梦想家2.0的代表作品，产品标准化设计结合工业化施工有更强的质量保障。项目整体塔楼采用经典现代主义设计手法，用片墙收整体量，大面积玻璃幕墙与侧墙石材质感形成鲜明的材料对比，勾勒出高层、超高层建筑简洁挺拔的美感。更为重要的是，整体项目积极采用装配式建筑建设方式理念，其中住宅塔楼预全部达到15%的预制装配率，已全部通过深圳市装配式建筑设计的专业认定。预制外墙板、预制楼梯、预制阳台、预制内墙板、高精度混凝土地坪、铝模板施工、机电工业化体系和BIM的应用，自升式爬架，全流水穿插施工，九大体系覆盖目前国内领先的装配式建筑技术，提升整体开发建设流程效率，大大提高了建筑从内到外的品质。

第7章 未来建筑

未来建筑创新展望（千茜） /194

1. 深圳机场卫星厅 /198
2. 华润前海中心 /200
3. 深圳前海冠泽金融中心 /201
4. 深圳前海民生互联网大厦 /201

未来建筑创新展望

千茜　深圳大地创想建筑景观规划设计有限公司创始人、CEO、教授级高级建筑师

从蒸汽时代、电气时代、信息时代到智能时代，技术的发展推动了时代的变革。建筑业作为国民经济的主要支柱产业之一，也面临从设计思维、设计方式到建造方式的颠覆性改变。在这个充满变革和创新的时代，未来建筑的创新发展将呈现以下的发展趋势。

一、从生态设计到生态文明

随着人类的物质文明高速积累，膨胀的物质需求催生了大量的人居建筑空间，人口密度的增加，造成城市规模不断扩张，如何解决高密度的城市建设和人们对生态化的生活方式的需求两者之间的矛盾，建筑师强调以生态设计的思路，按自然的固有规律来设计，在提高生活功能性的同时强调减少自然的消耗，提倡高舒适、高自然的乐活的生活方式和建筑方式，强调舒适性和生态性的结合，要求在产品开发的所有阶段均考虑环境因素，从产品的整个生命周期减少对环境的影响，最终引导产生一个更具有可持续性的生产和消费系统。同时，将生态功能和社会功能一体化考虑，实现人与自然、人与人、人与社会和谐共生、良性循环、全面发展、持续繁荣的社会形态。

大地创想首创提出的"生态经济综合体"理念，就是以生态文明理论、循环经济理论为先导，以绿色生态为核心，强调生态因素、景观因素和建筑、规划的融合，以建筑、规划、景观、生态、交通设施、物流、信息等的一体化为特征，体现高密度和高生态的结合，使人的活力、经济的活力、生态的活力、社会的活力交织在一起，形成一个集产业发展、商务、居住、文化、休闲、旅游于一体的

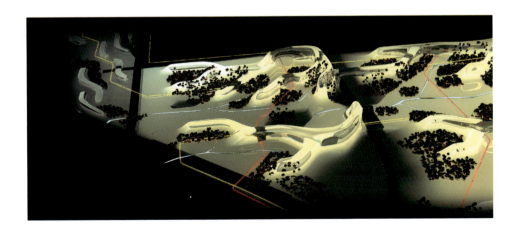

新型综合体形式。它强调绿色和谐与可持续发展，以创新、协调、绿色、开放、共享的发展理念为引领，成为体现生态文明的一个有力载体。

"生态经济综合体"理念的指导下，大地创想完成了一系列的设计项目，并在实践中去践行这一设计理念。

二、从智慧设计到智能建造

新一代信息通信技术的迅速发展以及与先进建造技术的深度融合，必将带来建筑设计行业的深刻变革，贯穿于建筑设计、建造、管理、运维等各个环节。借助具有分析优化能力、协同能力、预测能力和感知能力的新型智能装备，最终建筑师可为大型建筑工程系统提供实时感知、动态控制和信息服务。

1. 基于人机合一的智慧设计系统

建筑设计行业的审美特性，不能只是依靠"人工智能"系统来完成设计工作。人工智能(Artificial Intelligence，简称AI)是研究、开发用于模拟、延伸和扩展人类智能的技术，人工智能具有逻辑思维和形象思维，但它只能单纯地进行机械式的推理、预测、判断，做不到真正的思考，更无法提供建筑设计所必备的审美功能，因此，建筑设计行业还是要以高素质、高能力的建筑设计专家作为核心主导，智能机器作为配合，才能更好地发挥人的潜能，使设计师可以便捷处理海量的、快速变化的信息，可以驾驭越来越复杂的工程事务；机器和人相互协作、相互理解，二者在不同层次上各显其能，相辅相成，形成人机一体化的智能设计系统。

2. 基于BIM的建筑全生命周期数字一体化

建筑信息化模型(BIM, Building Information Model)能够将工程项目在全寿命周期中各个不同阶段的工程信息、过程和资源集成在一个模型中，方便地被工程各参与方使用。BIM技术是近十年来在计算机辅助设计(CAD, Computer Aided Design)技术基础上发展起来的一种多维模型信息集成技术，可以使项目建设的所有参与方都能够在数字虚拟的真实建筑物模型中操作信息和在信息中操作模型，从而实现在建筑全生命周期内提高工作效率和质量，以及减少错误和风险的目标。BIM具有可视化、协调性、模拟性、优化性等特点。通过三维数字技术模拟建筑物所具有的真实信息，为工程设计和施工提供相互协调、内部一致的信息模型，使该模型达到设计施工的一体化，各专业协同工作，从而降低工程的生产成本，保障工程按时按质完成。

BIM技术应用贯穿于项目决策、设计、施工、运营全过程，在项目决策阶段，BIM应用可分为可视化、环境分析、温度分析、声学计算等；在项目设计阶段BIM应用可分为能耗模拟、系统协调、规范验证、设计成果一致性检验即碰撞检查、结构有限元分析等；在施工阶段 BIM 应用可分为视频模拟、成本预算、进度控制、质量管理、安全管理及预制件可加工性；在项目运营阶段 BIM 应用可分为设施维护管理、物业租赁管理、设备应急管理和运营评估等。基于 BIM 的可视化模型和信息技术进行碰撞检查、减少返工；虚拟施工、有效协同，满足不规则的项目要求和施工工艺等。BIM 的核心是数据信息与模型的互通，建立高效联系。

3. 基于信息系统与物理环境交互的 AR 全息设计

增强现实技术（AR，Augmented Reality），是一种能将计算进程和物理进程结合的统一体，能将计算机产生的虚拟信息或物体叠加到真实场景中，从而提供 一种浸入式的环境并且强调真实场景和虚拟世界、空间和时间之间的准确对应关系。

AR 通过计算和通信与实物的过程相结合，在设计和观测过程中与真实的物理环境密切互动，通过计算进程和物理进程之间的互相作用来形成对信息反馈的循环，并在系统内部进行深度的耦合；与此同时，它还通过信息交换来增加或扩展新功能，并用可靠性和安全性的方法来对目标主体进行智能性的监测和控制。这项技术的应用将大大增强设计师的能力，做到在空间中设计，用户在空间中体验、在空间中修改，对设计师提出更高的挑战，也将极大地颠覆设计行业的工作方式和设计方式。

4. 基于大数据、云计算的个性化设计

互联网技术为基于大数据的个性化设计提供了可能。云计算通过云端服务将所有应用和数据储存在云中，用户通过接入互联网就可以便捷地使用服务和进行数据分析，变革了传统行业的格局。云计算配合智能化的设备能够在生产和建造流程中实时收集数据，通过大数据分析技术让生产和建造各个环节得到科学数据的指导，这些数据通过各种传感器和基于 IP 的连接和物联网连接到一起。当云计算平台的硬件设施和软件设施条件达成后，平台能将设备收集到的大量阶段性数据信息进行分析，通过分析的结果来设定合理的设计和建造安排，从而实现智能化、个性化设计及建造。

现代社会中，人们越来越提倡个性的展现，倾向于摒弃一般大众化的东西，要求独特、另类、拥有自己特质的需要，打造一种与众不同的效果。个性化定制将成为一种在新的市场环境中常见的设计产品，它可以更贴近各种个体不同的独特需求，而设计师长期以来习惯面对的客户，往往并不是设计成果的最终用户，因此，设计师要转变思路，多为用户考虑，强调用户体验大于甲方要求，解决个性化的需求和标准化、工业化生产的矛盾，为适应特定个体的需求而设计出不同的、独特的空间产品。这对建筑师也提出了更高的要求。

5. 基于简约思维的数字审美趋势

互联网使得人类面临信息过载、信息冗余、信息爆炸的困境，一个产品只有功能简单、设计简洁、风格纯净、做到极致，才能在这产品过剩的信息海洋中浮现出来。因此，建筑审美的趋势，在经过古典审美、工业审美后，必然走向数字审美。未来建筑发展的主导方向，将超越所有的局域性，超越建筑风格、民族文化、地区风格、个人偏好等具体的、局部的特征。同时，它能随着时代和技术的进步呈现不断动态化演进的态势，使建筑空间的系统和环境、系统内部要素之间不断持续更新，成为压倒性的发展方向。

6. 基于智慧建造系统的绿色设计建造

建筑业是能源大户。在建筑业所用的所有资源中，三大主要建筑材料——水泥、钢材、木材的消耗巨大，我国建筑业消耗的物资约占全国物资消耗总量的15%，其中，房屋建筑每年的材料消耗量占全国消耗量的比例为钢材25%，木材40%，水泥70%。可见建筑业生产消耗水平的高低直接影响全社会的资源消耗总量，如果采用智慧建造系统，将会对社会资源形成巨大的节约效应。

以3D打印（3D Printing）为核心的智慧建造技术，将全面引领绿色建造工程。3D打印是快速成形技术的一种，以数字模型为基础，运用粉末状可黏合材，通过逐层打印的方式来构造物体。3D打印建筑的"油墨"原料主要是建筑垃圾、工业垃圾和矿山尾矿，另外的材料主要是水泥和钢筋，还有特殊的助剂。以人工智能技术、机器人技术和数字化设计建造技术相结合的智慧建造系统，将在建筑设计、建造、运维全生命周期进行绿色管理，除了在设计建造上使用环保材料，还要在废弃物回收再利用、资源综合利用、提升能效、清洁建造等方面积极推行低碳化、循环化和集约化，构建高效、清洁、低碳、循环的绿色建造体系。

三、结语

传统的以技术发展为导向、以科研人员为主体、以实验室为载体的创新1.0，正在转向以用户为中心，以社会实践为舞台，以共同创新、开放创新为特点的创新2.0模式，呈现以人为本的、强调用户参与的"万众创新"形态，以大数据、云计算、物联网驱动下的建筑设计行业即将面临革命性的变革，建筑师应积极参与其中，关注"大数据""大都市""大创新"等社会热点，探索建筑设计的前瞻理论和落地实践，为中国从建造大国迈向建造强国贡献自己的力量。

深圳机场卫星厅

设计单位：
广东省建筑设计研究院
兰德隆与布朗（Landrum&Brown）
香港凯达环球（Aedas）

主创建筑师： 陈 雄 周 昶 罗志伟 Max Connop（Aedas） 唐宙行（Aedas）

设计团队（各专业）：

建筑： 林建康 陈艺然 庞熙镇 李 滔 黄亦彬
空侧规划设计： 黄 翔（蓝德隆与布朗）
结构： 罗赤宇 区 彤 谭 坚
幕墙： 刘 鹏 黄 炜
电气： 李村晓 黄日带
空调： 何 花 郭林文
给排水： 梁景晖 赖振贵
市政： 金学峰
绿色建筑： 王世晓

项目地点： 深圳市宝安国际机场
设计时间： 2016年5月开始至今
用地面积： 16.3万 m²
建筑面积： 23.5万 m²
建筑高度： 27.65m

建筑创新点：

1. 高效的构型设计

航站区规划优化卫星厅"X"构型，利于大型飞机的调度；优化后的构型能够更均匀分配各功能空间，平衡开发规模、商业策划、旅客流程及服务水平等多方面因素。卫星厅机位组合为22E20C（组合机位按大机位算），能满足年旅客量2200万的需求。规划设计捷运系统、行李系统、货运及服务车道系统紧密连接卫星厅及T3航站楼，同时考虑未来与T4连接的各种可能性。

2. 便捷的旅客流程设计，多样化的出行体验

旅客流程简捷，步行距离短，流程与建筑空间、商业紧密结合。大空间顶棚从蝠鲼以及机场集团AI取得灵感，顶棚线条再现飞鱼意象。木色顶棚营造出温馨、舒适的空间氛围。空间设计主题体现深圳海洋文化、城市文化，创造出深圳机场的特有体验。卫星厅内设施完善，包括旅客多功能服务大厅、全国首创的室外观景景观平台，特殊旅客候机区功能，为旅客提供细致、周到的服务。

3. 绿色环保型机场

屋面系统与幕墙系统采用标准化单元设计，系统简洁、高效。遮阳构件造型从群体游动的蝠鲼意象取得灵感，达到节能和建筑艺术的平衡。结合电致调色玻璃、环保建材，整体设计达到绿色三星的设计标准。

4. 智慧型机场

卫星厅结构采用结构全生命周期建康监测系统，配合BIM技术、大数据、云平台及物联网技术、室内定位系统、安检信息管理系统、离港控制系统、高速小车行李追踪系统等技术手段，把深圳机场卫星厅打造为智慧型航站楼。

华润前海中心

设计单位：广东省建筑设计研究院深圳分院
BENOY、美国 GP 建筑设计有限公司

项目地点：深圳前海合作区

设计时间：2013 年 9 月 ~ 2016 年 01 月

建筑面积：75 万 m^2

建筑高度：300m

设计团队：陈朝阳　金钊　孙礼军　李志毅　赖志勇
杨帅　何树周　卫文　赵耀普　徐晓川
付亮　何海平　李春鹏　刘超　朱少林
林广都

奖项荣誉：

2016 年度第三届深圳市建筑工程施工图编制质量银奖

深圳前海冠泽金融中心

设计单位：广东省建筑设计研究院深圳分院
美国 GP 建筑设计有限公司
Lead 8 建筑事务所

设计团队：周 文 吴彦斌 黄雪燕 覃思鸣 吴文凯
张伟生 李 鹏 林南蓝 浦 至 何海平
吴燕国

项目地点：徐州

建筑高度：300m

建筑面积：32.04 万 m²

工程性质：城市综合体，300m 超高层办公、商业、五星级酒店（康拉德酒店）、高端公寓

深圳前海民生互联网大厦

设计单位：广东省建筑设计研究院深圳分院
美国 GP 建筑设计有限公司

设计团队：金 钊 李志毅 赖志勇 黄美映 李大伟
何梦婷 徐子骅 谢清娜 冯浩祥 李沛洲
黄一益 张伟生 任恩辉 付 亮 李 聪
唐春成 郭 坤 刘 超 曹 恺

项目地点：深圳前海合作区

设计时间：2016～2018 年

建筑面积：25.6 万 m²

建筑高度：180m

第 8 章 外地建筑项目

外地建筑总论（陈雄）／206

1- 公共建筑

    北京　北京国际俱乐部　／210

    北京　中国建筑文化中心　／211

    广东　东莞市规划展馆　／212

    广东　广州富力杨箕新天地　／214

    广东　珠海大剧院　／216

    福建　G-Office Park 厦门航空商务广场　／218

    福建　闽南大戏院　／220

    江苏　无锡茂业城二期　／221

    江苏　南京国际青年文化中心　／222

    四川　北川行政中心　／224

    江西　汉代海昏侯遗址博物馆　／226

    湖北　襄阳图书馆　／228

    湖南　长沙保利国际广场　／230

    天津　中建钢构天津有限公司办公楼　／232

    山东　齐商银行总行客户服务及运营中心　／234

    广西　信昌高尔夫会所　／235

    海南　海口行政中心　／236

    海南　三亚亚龙湾行政中心　／238

    山东　鲁能集团海口鲁能中心　／240

    贵州　201大厦　／242

    安徽　蚌埠市博物馆、档案馆及规划馆　／243

    云南　云南省博物馆新馆　／244

2- 商业综合体

    广东　广州天环广场　／246

    广东　珠海中海富华里　／248

    广东　天益国际一期　／250

    广东　湛江鼎盛广场　／252

江苏 常州亚太财富中心 /253

贵州 恒丰贵阳中心 /254

云南 昆明万达广场双塔 /255

湖南 长沙晟通·梅溪湖国际总部中心 /256

3- 居住区与住宅

广东 东莞松山湖长城世家 /257

广东 惠州万科双月湾 /258

北京 保利·东郡 /260

海南 三亚市金中海·蓝钻 /262

海南 三亚凤凰水城 /264

4- 教育建筑

陕西 西安电子科技大学新校区巨构 /264

广东 华润大学 /265

5- 高科技园区

江苏 无锡深南电路工业园一期 /266

广东 东莞普联产业园 /268

广东 中集松山湖产业中心 /269

广东 东莞酷派天安云谷 /270

6- 交通建筑及会展中心、口岸建筑

河南 郑州新郑国际机场 2 号航站楼及交通换乘中心 /272

河南 郑州新郑国际机场航站楼改扩建工程（扩建）/274

吉林 长春火车站综合交通换乘中心北广场 /276

江苏 沪宁城际铁路镇江站综合交通枢纽 /278

贵州 贵阳国际会展中心 /280

7- 城市设计与更新

广东 广州猎德村 /281

8- 风景园林与海绵城市

广东 东莞神仙山公园 /282

广东 阳江市鸳鸯湖景区 /284

广东 东莞中集松山湖 C2-4 地块产业园景观概念设计 /286

四川 成都麓湖生态城 C3 组团 /287

浙江 温州金海湖生态公园 /288

河南 第十一届中国（郑州）国际园林博览会规划设计 /290

河南 第十一届中国（郑州）国际园林博览会园博园 /292

江苏 第十届江苏省园艺博览会扬州园设计 /293

湖北 宜昌城东公园 /294

湖北 朗园 /295

广西 南宁市凤岭儿童公园 /296

广西 第十二届中国（南宁）国际园林博览会广西园设计 /298

江西 吉安中心公园暨广场工程 /299

海南 三亚市海棠湾南区公园 /300

9— 市政工程

　　广东 东莞市港口大道工程　/302

　　浙江 宁波市鄞州区现代有轨电车实验线一期工程　/303

　　福建 平潭综合试验区综合管廊专项规划（修编）　/304

　　伊朗德黑兰北部高速 BR-06 大桥　/305

10— 酒店建筑

　　广东 瑞山度假精品酒店　/306

　　广东 阳江市海韵戴斯酒店　/308

　　云南 西双版纳勐仑安纳塔拉度假酒店　/310

　　云南 西双版纳云投喜来登度假酒店　/312

　　海南 龙沐湾国际旅游度假区八爪鱼酒店　/314

　　海南 七仙岭希尔顿逸林度假酒店　/316

　　海南 三亚亚龙湾瑞吉度假酒店　/318

　　海南 三亚三美湾珺唐酒店　/320

外地建筑总论

陈雄　广东省建筑设计研究院副院长、总建筑师，全国工程勘察设计大师

深圳建筑设计行业的发展，经历与其他城市颇为不同，伴随着特区的快速建设，具有非常鲜明的特点。大致可以分为两个主要阶段，前20年在深圳茁壮成长，后20年在深圳与全国相得益彰。经过深圳设计企业的努力，在外地（包括省内和全国）贡献了一批富有影响力的建筑作品。

一、设计之都　辐射全国

1978年实行改革开放，深圳特区的成立，全国各地设计院纷纷南下，支援深圳建设大干快上，或做项目，或开分院。如广东省院是最早开展业务及开设分院的大型设计机构，而华森则是我国第一家中外合资设计企业。在本地设计人才方面，先后聚集了陈世民大师和孟建民院士为代表的一大批顶尖建筑师，而深圳大学也为本地培养了大批年轻建筑人才。特区得改革开放之先，政策环境宽松，各行各业大胆地闯，大胆地试，多些实践，少些争论。建筑设计的创新创作在深圳总是容易实现，出现了多个建设领域的全国第一。在这高速发展的过程中，深圳本地的设计力量进步长足，很多方面走在全国的前列，随着大批作品建成而崭露头角，逐步形成了深圳设计品牌在全国的影响力。在2000年前后，深圳的设计力量开始辐射全国，逐步在省内和全国取得设计业务，而且份额占比越来越大。可以说特区活力成就了深圳设计之都的品牌美誉。

二、大师作品　经典传承

深圳设计企业在外地最早的大型项目，应该是陈世民大师1995年设计的北京中国建筑文化中心，这是为1999年北京世界建筑师大会而特别设计的。在京城到处是大屋顶的建筑氛围中，陈大师的设计显得大气洒脱而与众不同，具有一种强烈的创新精神与独立思考不入俗套的探索勇气。构思以中国建筑迈向21世纪之"门"为命题，采用了中轴线对称式布局，使中国传统的门、堂、廊等要素得到了合理的体现与发挥，以壮观的台阶和现代曲面构架大坡度曲线屋面，表达中国传统建筑文化的意象，创作出现代建筑风格，既反映了时代的跨越，又体现了历史的衔接。

孟建民院士在2001年设计的云天化集团总部，从总体布局到建筑形式和空间序列，简约大气个性鲜明，给人耳目一新的感觉。总体规划中以"水"作为环

中国建筑文化中心

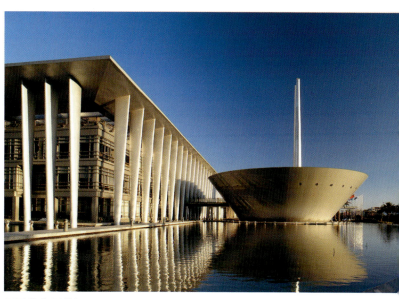
云天化集团总部

玉树地震遗址纪念馆

境构成的主线,利用空间的收放营造步移景异的效果,办公楼周边逾8000平方米的水面,成为建筑外部空间形态的重要构成元素。利用水面、入口、柱廊、门厅等若干层次的空间过渡,形成递进的空间序列,实现极具张力的空间效果。水面上圆形会议厅的设置独具匠心,其碗状倒圆台造型在立面造型上更起到点睛的作用,形成极为强烈的虚实对比。高大的柱廊形成的灰空间有效地回应了云南当地的气候特点。

玉树州地震遗址纪念馆则是孟院士在2010年设计的另外一个重要作品。这是为2010年青海省玉树自治州结古镇"4.14"震灾后的援建项目,建筑规模仅为3000平方米,其精心创作体现了强烈的社会责任感。建筑师试图以平视的视角来理解藏地信仰所带来的文化差异,并重新思考地震遗址纪念馆所应表达的文化意义:地震遗址纪念馆所不仅是灾难事件的记忆载体,同时更应该成为当地藏民日常化的生活场所。极简的直线型纪念长墙以青色毛石制成,直指结古寺。沿着墙体设计85个转经筒成为人们进出玉树及转经路线的重要组成部分。建筑主体藏于地下,以纯粹的"方"和"圆"为基本原型。通过"材料、色彩、光"三种基本建筑要素的运用,表达藏地建筑特色。内部空间采用青色毛石、素混凝土、藏红色耐候锈钢板等现代材料营造内敛而庄重的空间氛围。

三、多元发展 各领风骚

深圳的主要设计机构,在外地都有不少设计业务和建筑作品,或者独立原创,或者境外合作,包括了几乎所有的建筑类型。当年特区创业前辈的勇气,激励着深圳年轻一代,走出去通过实力证明自己,创出新的品牌。

大型公共建筑项目影响力大，技术含量高，竞争比较激烈，深圳的设计企业在航站楼、会展、剧院、文化中心等方面都有不少好的作品。2015年竣工的郑州机场2号航站楼，是高度集约的综合交通枢纽，集航空、城际铁路、地铁、大巴、出租车、私家车、空侧捷运于一体的空陆无缝换乘的交通中心，交通流线复杂。航站楼大厅的翻转板吊顶创造了独特的室内空间，形成移步换景的空间体验。2012年竣工的贵阳国际会展中心，获得LEED-NC（新建筑）"铂金奖"。整个建筑不只拥有单纯的展览功能，更是一个市民活动集会的街区和广场，为城市生活注入新的活力。

与大建筑一样，小建筑也需要建筑师的精心设计，由于项目资源偏少，往往更加可以看出建筑师的功力。南京市高楼门教堂复建，建筑师努力创造一个纯粹的，简约的建筑外表，融合了中国折纸形态与哥特式风格的建筑造型，成为基督教堂最为特别和成功的一个方面。南立面巨大的十字架符号巧妙地放在建筑最重要的立面上，前来礼拜的人们顺着大台阶拾级而上，仰头望见巨大的十字，犹如受到了洗礼。中建钢构天津公司办公楼规模仅1.45万平方米，采用全钢结构体系，通过对钢结构细部节点的设计，体现了钢结构的建筑特色。建筑上部的两侧出挑12m跨度，充分展现了钢结构的独有特性和艺术魅力。结合玻璃幕墙体系形成精

郑州新郑国际机场2号航站楼

贵州国际会展中心

东莞华为E2B新产品研发办公楼

中集松山湖产业中心

广州天环广场

华润大学

郑州国际园林博览会

中建钢构天津有限公司办公楼

美、现代的外观效果。内部设有3层通高的室内中庭，为办公人员创造了舒适、宜人的办公环境。

深圳设计企业在高科技园区设计方面颇有建树。东莞华为E2B综合办公楼，设计主题是"花园工厂"，有足够的用地让建筑师精心营造一个中心景观，让使用者无论是在办公还是在休憩时，都能获得良好的视觉感受，随时与场所互动，从而获得愉悦的体验。中集松山湖产业中心，以"办公岛"的形式呈现建筑群落，在每个区域之间插入丰富的景观绿植，办公环境有别于都市而拥有更好的接触自然的机会。

华润大学获得英国皇家建筑师协会2018年RIBA国际优秀建筑奖。规划空间设计强调"逐级专属"与"院落组合"的概念。以依山就势层层布局的各种不同标高平台，为不同对象交往、交流、学习、休憩提供相应的场所，形成一个完整生动的建筑群落。文化建筑的主要作品还包括云南省博物馆新馆、蚌埠博物馆档案馆及规划馆等。

2010年上海世博会意大利馆、2010年亚运会省属场馆网球中心则说明深圳设计力量参与了国家大型节事。

商业建筑和住宅领域，也有不少好的作品。包括广州天环广场、昆明万达广场、北京保利·东郡、鹤山十里方圆等项目。

深圳设计企业在海南地区作品比较集中，包括三亚亚龙湾行政中心、三亚金中海蓝钻、三亚瑞吉度假酒店、七仙岭希尔顿逸林度假酒店等，这些项目都可圈可点。

园林景观作品以第十一届中国（郑州）国际园林博览会、第十二届中国（南宁）国际园林博览会为代表，市政项目则以东莞市港口大道工程、平潭实验区海绵城市专项规划和综合管廊专项规划为代表，深圳的景观设计和市政设计也在全国占有一席之地。

四、结语

在改革开放40年里，深圳建筑设计行业通过引进来、走出去，培养了一大批高水平的建筑师，培育了一批有实力有活力的国有或者民营设计企业，在深圳本地与外地，抓住中国宝贵的大发展机遇，完成了一批富有影响力的建筑作品。

实践表明，无论本地与外地，建筑创作都应结合气候和自然，体现地域的气质与文化传承，还应塑造具有源于功能的形象；建筑师应考虑如何集约资源和空间构成，使建筑合理地回应城市，持续地追求品质，建筑创作应与时代发展紧密相连。

展望未来，我们期待深圳设计企业继续蓬勃发展，共同努力把深圳设计之都的美誉品牌越擦越亮！

北京国际俱乐部

设计单位：香港华艺设计顾问（深圳）有限公司
项目地点：北京
设计时间：2013年
竣工时间：2018年
用地面积：46294.76m²
建筑面积：168551.98m²

项目位于东长安街北京国际俱乐部地段，该区域老建筑已被列入保护建筑名录。方案设计注重对沿长安街方向原有建筑风格的保护，采用复建的方式延续原有建筑形象。对待新建高层塔楼则通过体量分解，削弱其沿长安街的建筑体量，减小对原有建筑立面的压迫感，同时新建建筑采用沉稳的竖向石材元素取得与原有建筑的协调。

中国建筑文化中心

设计单位：香港华艺设计顾问（深圳）有限公司
项目地点：北京
设计时间：1995 年
竣工时间：1999 年
建筑面积：82162m²

项目地处北京西二环与西三环之间的甘家口地区，由建设部及国家建材局办公楼、会展中心、中建总公司办公楼三部分组成。

该项目是集会议、展览、办公、商业于一体的综合性建筑，也是为迎接 1999 年在北京召开的第二十届国际建筑师大会及第二十一届国际建协代表大会而建。

构思以中国建筑迈向 21 世纪之"门"为命题，采用了中轴线对称式布局，使中国传统的门、堂、廊等要素得到了合理的体现与发挥；借鉴门槛的造型，配以壮观的台阶和现代曲面构架大坡度曲线，通过发掘中国传统建筑文化，创作出现代建筑风格，既反映了时代的跨越，又体现了历史的衔接。

东莞市规划展馆

设计单位：东南大学建筑设计研究院深圳分公司
项目地点：广东省东莞市
建筑面积：20388m²
建设情况：2012 年竣工
主要功能：城市规划展览

用地毗邻城市广场、旗峰公园，场地狭长，南北青山环绕，设计遵循建筑融于环境、融于山水、生态环保的原则，充分利用场地位于山坳池塘边的特点，将主体建筑庞大体量埋入地下，主入口通过下层广场导入大厅，屋面设置绿化、水景，与环境融为一体。

造型处理上，将建筑、景观、广场、室内统一考虑，整体设计。重点部位的入口大厅及天窗，用大气现代的手法，点睛处理。

整体营造出水中观山、山上观水，山水建筑融为一体的形象，突显城市展馆及东莞这座城市人与自然和谐共生、积极进取的精神气质。

第 8 章 外地建筑项目

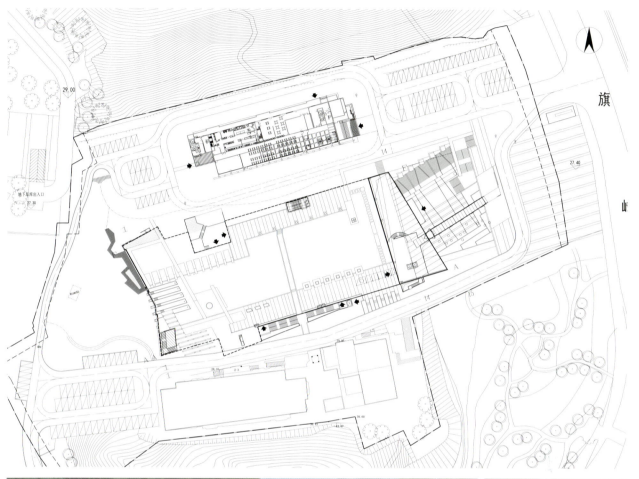

广州富力杨箕新天地

设计单位：筑博设计股份有限公司
项目地点：广东省广州市
设计时间：2011年
用地面积：44288m²
建筑面积：355000m²
建筑高度：200m
设计团队：杨为众　杨　晋　曾小飞　郏潜程　梅　杨　Colin Franzen　蓝素芬　范聪聪
合作单位：广州富力住宅建筑设计院有限公司

建筑创新点：

项目用地狭长、分散，容积率高，我们采用线性的布局来强调与周边的良好关系。三栋住宅前后错开，形体更为亲切，有节奏感。公寓、商业也通过线性布局的方式来呼应办公主塔，整个项目浑然一体。充分利用建筑对城市天际线的影响，从广州大道上的"门户"这样一个视野来设计地标式大楼。主塔楼体量角部采用化整为零的策略，减小高容积率建筑体量对街道产生的压迫感。

办公主塔作为本区地标，形象应追求其独特性，体量处理上通过折面的语言来形成一种简洁、有力的造型；立面肌理通过编织的手法来体现主楼独特的气质；材料运用上通过玻璃幕墙来营造一种细腻的表情。

幕墙的遮阳系统既出于节能的考虑又令整栋建筑的外观处于不断变化之中。住宅、公寓以城市背景的姿态出现，在处理上比较含蓄，通过面砖和仿幕墙的搭配使其表情更为精致、典雅。

珠海大剧院

设计单位：北京市建筑设计研究院有限公司
合作设计单位：北建院建筑设计（深圳）有限公司
主创设计师：朱小地　马泷　金国红
设计团队：黄河　栾波　陈辉
项目地点：广东珠海市香洲区野狸岛
设计时间：2010～2011年
竣工时间：2016年
用地面积：5.76万 m²

建筑面积：5.9万 m²
建筑高度：60m（构筑物高度90m）

设计特点：
　　珠海城市新地标，方案国内原创，BIAD设计总包，国际顶尖专项设计团队，成功抵御了2017年17级台风"天鸽"。

第 8 章 外地建筑项目　**217**

G-Office Park 厦门航空商务广场

设计单位：香港华艺设计顾问（深圳）有限公司
项目地点：福建省厦门市
设计时间：2007 年
竣工时间：2010 年
建筑面积：68164m²

项目地处厦门岛东北角的高崎国际机场附近。基地虽不属闹市区，但却是大厦门整体规划的中心区域，交通便利，视野开阔，环境优美，与拥挤喧嚣的市中心区域相比有其独特的地理优势。

"围合式的庭院建筑布局"。依靠自身成"势"吸引市场，弥补周围地区开发不成熟所带来的不足。利用围合式将二、三期建筑体量进行分解和重组，使其形成一个小型建筑群体。营造出项目自身气氛，充分造势，吸引市场。同时内向型的围合式布局很好地形成内敛、平静、高尚的氛围感。

"板式主裙楼有机结合"。利用项目容积率较低的优势，将主裙楼都设置为板式体量，有效利用足够面宽，为大、中、小单元的灵活重组提供优质前提。同时将主楼位置相互错开，保证了每栋主楼都有良好的视野，最大化地利用了基地内外景观。而裙楼则更多考虑和内院的接地处理，通过高低、架空、退让的处理方式，营造一个尺度适宜的建筑群体空间。

"可生长型的分期建设"。方案中人行动线及中心庭院都可以沿一、二、三期顺序"生长"，保证后期建设的协调与融合，同时交通系统也能纳入统一体系中，共同形成服务于整体项目的流线体系。

"灵活单元划分重组"。作为以租赁性质为主的办公楼建筑，在方案中设置出更为灵活的办公单元面积划分和重组模式。以最经济的垂直交通和水平交通的设置，获得以小面积单元为主，不同面积规模皆备的灵活性办公模式，最大化适应多样的市场要求。

"经济价值性能"。方案通过对二期设置半地下停车、三期设置架空停车和地下停车的方式，一方面有效缩减车库的建造费用，另一方面以一个低成本方式为基地内提供了一个立体园林。从总体布局设置与单体灵活设置两方面使建筑物对灵活多变的市场需求保持足够的敏感性及适应灵活性，以确保项目在未来的市场竞争中具备足够的潜在竞争优势。

闽南大戏院

设计单位：悉地国际设计顾问（深圳）有限公司
项目地点：福建省厦门市
设计/竣工：2009年/2013年
建筑面积：27000m²

在城市设计上，政府并没有给规划中的大剧场独立设置地块，而是将文化和商业整体设计，用综合体的形式加以实现，在提供商务办公设施的同时激发文化活力，这无疑给建筑师一个绝佳的探索机会。剧场的建筑设计意象从海岸城市出发，取意陆地与大海交汇处的波光粼粼，在理性规整的建筑体量中，转化出包容阳光与海浪的建筑群体。建筑师大胆地设置了一个极为宽敞和极具视觉穿透力的剧场前厅，通过风琴肌理的玻璃幕墙，将支撑结构与幕墙骨架融为一体。

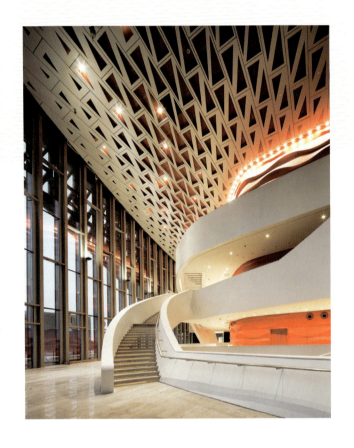

无锡茂业城二期

设计单位：深圳机械院建筑设计有限公司
项目地点：江苏省无锡市
项目时间：2015 年 12 月
用地面积：28503.77m²

建筑面积：398638.61m²
建筑高度：423.55m

获奖情况：全国优秀工程设计三等奖

南京国际青年文化中心

设计单位：深圳华森建筑与工程设计顾问有限公司
合作单位：扎哈哈迪德建筑事务所 / 中国建筑设计研究院
设计团队：
建筑：宋 源 买友群 丁华夏 从俊伟 褚 明
　　　楚 奇 张 辉 王 璇
结构：张良平 茅卫兵 项 兵 尚文红
　　　杨 鸿 邓 斌 董贺勋 罗鑫昌
　　　任舒婷 尤鸿珺 丁桂华 张 磊
给排水：史嵘梅 唐红梅 周克晶 刘艳艳
　　　　张文建 艾 星
暖通：柏 文 郭友明 王红朝
电气：王为强 卓 猛 卫利国 张 秋
　　　严 皓 张立军
总图：巨 乐
项目地点：江苏省南京市
设计时间：2011 年
竣工时间：2018 年
用地面积：52000 m²
建筑面积：481000 m²
建筑高度：315m

为了配合青奥轴线和周边的微妙关系，同时使南北两组建筑物既与青奥中心连成一体，又要保持每个功能区的独立性，会议中心的首层部分根据功能要求划分出四个独立的部分，各部分均设有独立出入口、立面。四个独立体块自然形成的建筑空间，在保持不同功能间多元化流线紧密沟通的同时，也与复杂的交通需求配合得天衣无缝。位于15m以下的四个建筑体块在延伸到三层15.0m标高时，联合形成一体，同时也和酒店双塔的5层配套用房相连通，从而使整个青奥中心连成一体。建筑完工后已于2014年第二届夏季青年奥林匹克运动会开始启用，并成为南京的地标性建筑。

第 8 章 外地建筑项目

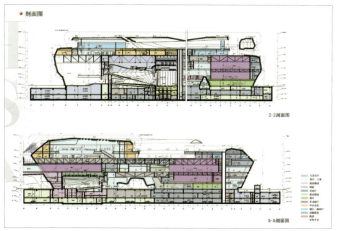

北川行政中心

设计单位：香港华艺设计顾问（深圳）有限公司
项目地点：四川省绵阳市北川县
设计时间：2008 年
竣工时间：2011 年
用地面积：69329.22m²
建筑面积：58856m²

项目概况

本案是北川新县城四套班子和直属机关组成的办公建筑群，位于四川省绵阳市新北川县城。东临山二路，南面为东纵一路和中心公园，西面为东纵五路，北面为马鞍山。地理位置优越，交通便捷。

主体建筑设计理念

1. 挑战——如何在保证行政特质的前提下，彰显羌族特色？

行政主楼是各项公共事务运转的中枢，代表着党和政府的坚定形象，所以要兼顾亲民却不失庄重的特质。同时，北川是全国唯一的羌族自治县，本案还必须体现羌族文化特色，成为北川人民重建家园的核心保障与坚强后盾。

如何使方案展示现代化行政办公建筑的特质，又彰显羌族的文化特色，成为项目最大的挑战。

2. 应对策略——文脉传承、现代演绎

采用现代、简洁的方式在建筑上集中体现羌族文化的精髓，以五大理念为主导：

1）"羌族民居特色"——依山而建、平坡结合

传承羌寨民居"依山而居，垒石为室"的山地关系，整合办公楼前后不同标高体量，略微收分，形成倚山而立的层次感。局部采用坡屋顶造型，平坡结合诠释羌族传统建筑的现代化表现形式。

2)"云朵上的民族"——白石台

羌族民间传说祖先是天神的子民,从高耸入云的雪山之巅来到凡间,因此羌族有"云朵中的民族"之说。同时羌人崇尚白石,这些都启发设计以白为主色,体量上形成一个个白色高台连成一体,体现"白石台"的意象。

3)"万众一心"的簇拥——群体意象

羌族民居均以主体为中心而聚居,主体可能是碉楼、水渠,也可能是宫寨。本案核心部分采用暖灰色石材与大面积的白石外墙形成强烈对比,加上青山环抱,左右拱卫,形成簇拥核心的建筑体量感,体现在党的领导下,北川人民"万众一心"重建北川的力量与信心。

4)"碉楼"挺起不屈的脊梁——精神表达

碉楼是羌族传统建筑中最辉煌的符号之一,是坚韧不屈的象征。建筑主体中心设计成现代化的碉楼,其他体块围绕碉楼为中心布局,高耸的碉楼成为点睛之笔和城市景观轴北望的焦点,象征灾后北川人民依然坚强,挺起不屈的脊梁孑然耸立。

汉代海昏侯遗址博物馆

设计单位：东南大学建筑设计研究院有限公司
深圳市东大国际工程设计有限公司
项目地点：江西省南昌市
建设规模：用地5000亩，总建筑面积77328m²
建设情况：施工中
主要功能：遗址展览、展示服务及旅游配套设施

设计遵循世界遗产保护公约，按场地原有地形地貌进行"整体保护"，按照"最少干预"原则，充分结合鄱阳湖西岸丘陵与农耕景观，在场所脉络中生成建筑体型，塑造场所景观。

强调建筑文化特质，凸显海昏侯国元素与汉文化特征。

博物馆以龙形图案为造型母题，以岗地田野中若隐若现的"飞龙"形态，在海昏侯遗址的田野中，昭示着王气的显现。

展示服务中心设计以海昏侯墓出土的"玉瑗""玉璧"为造型意象，形成环状体型，架于水系之上，内中水系潺潺穿过，建筑与环境水乳交融。

配套设施设计，用江西传统民居风格的庭院式组合，与场所环境相协调。

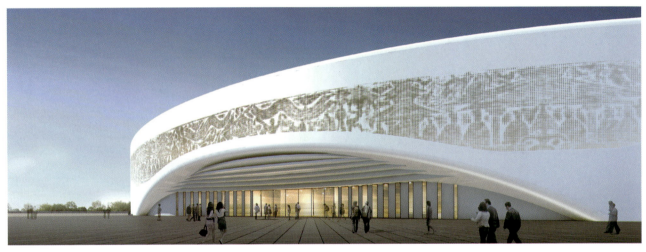

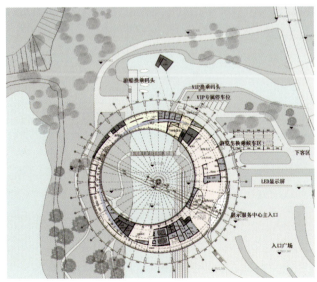

一层平面图

第 8 章 外地建筑项目　**227**

襄阳图书馆

设计单位：香港华艺设计顾问（深圳）有限公司

设计时间：2012 年

项目地点：湖北省襄阳市

用地面积：10780.9m²

建筑面积：56650.6m²

容积率 ：0.92

项目位于襄阳市东津新区，处于中心区规划轴线的关键节点上，与市民广场和政府大楼遥相对应，地理位置极其重要。图书馆预计设置阅览室坐席6000座，藏书能力达到800万册，日均接待读者能力为8000人次。同时，图书馆结合科技展览馆和美术馆，形成科普、教育、文化交流的综合性馆区。

设计打破传统图书馆闭塞的形象，创造了一个开放、自由的交流空间，改变了原有图书馆集中式布局，使各种功能可以独立使用，灵活便捷。图书馆营造出了可供阅读、沉思的安静环境和令人愉悦的、生气勃勃的、能激发想象力的多义空间。

本案以"知识树"——取自孔子杏坛讲学的历史故事——为设计灵感，通过对树的简化、抽象，形成立面竖向主要的造型形象。因此在"立面造型"由流线型树状结构组成的连续拱形成伞状拱券空间结构，使大跨受力趋于合理。"屋面造型"来源于对浩瀚的知识的无限探索，犹如在浩瀚的宇宙中寻找璀璨的明星。屋面上结合屋顶花园、人行步道、交通系统和采光天窗，塑造星云的形象。建筑屋顶和知识树外饰面分别采用GRC和透明混凝土为主材，形成流畅的曲线与梦幻的光影效果。整个造型流畅自然，刚强、完整，寓于柔韧之中，形成巨大的庇护场所，给公众安静、自由的场所。

长沙保利国际广场

设计单位：筑博设计股份有限公司
设计团队：杨为众　杨　晋　Colin Franzen　梅　杨
　　　　　马俊彦　靳克之　李　建　周树瑞
合作单位：湖南省建筑设计研究院
项目地点：湖南省长沙市
设计时间：2009 年
竣工时间：2014 年
用地面积：122942m²
建筑面积：799000m²
建筑高度：220m

奖项荣誉：
2017 年度湖南省优秀工程勘察设计奖评选工程设计二等奖
2017 年度广东省优秀工程勘察设计评选公建类三等奖
第十七届深圳市优秀工程勘察设计评选公建类二等奖

建筑创新点：

项目是筑博设计独立设计完成的一个大型综合体地标项目。位于湖南省长沙市新城区湘江东岸，靠近长沙市城市标志——橘子洲头，并与岳麓山隔湘江相望，是长沙市未来经济商务发展核心，湘江东岸新城区经济群内的新地标建筑，并将成为沿湘江边上最高建筑。项目包括一栋220m高的超高层综合体以及大型的江景住宅小区。其中超高层综合体内拥有甲级写字楼以及超五星级国际品牌酒店。

超高层综合体建筑造型新颖，主体建筑采用双曲线造型以呼应湘江水流的动态美感以及岳麓山山体活跃的自然山势。整体建筑采用一体化玻璃幕墙设计，利用拟合的幕墙拼接形成整体建筑水平向以及垂直向优美的曲线造型。裙房部分与塔楼部分综合设计，自然相接，形成完整的建筑形体。建筑优美的形体与湘江、岳麓山山体、橘子洲头以及长沙自然的城市景观完美结合，成为湘江边上一个优美的地标式景观。

中建钢构天津有限公司办公楼

设计单位：中国建筑东北设计研究院有限公司（深圳）

主创建筑师：刘战

设计团队：郝　鹏　邵明东　王　冠　李建国　黄　伟
　　　　　罗志峰　刘少平　陈锦涛　朱宝峰　董明东
　　　　　何延治　姜　军　王继林　曲　杰　李绍军
　　　　　刘　浩

项目地点：天津

设计时间：2013～2014年

竣工时间：2015年2月

用地面积：308102.6m²

建筑面积：1.45万 m²

建筑高度：22.5m

奖项荣誉：

2017年度全国优秀工程勘察设计行业建筑工程二等奖

2016年度辽宁省优秀工程勘察设计奖建筑工程一等奖

2015年辽宁省土木建筑科技创新奖（建筑创作）

2015年沈阳市优秀工程勘察设计建筑一等奖

深圳市勘察设计行业协会2015原创建筑设计奖铜奖

建筑创新点：

办公楼主楼采用了全钢结构的结构体系，通过对钢结构细部节点的设计，体现了钢结构的建筑特色。建筑上部的两侧出挑 12m 跨度，充分展现了钢结构的独有特性和艺术魅力。

在外观上，办公楼主要分为上下两部分，上下部分分别形成强烈虚实对比，增强了建筑的艺术品位和视觉效果。

外立面设计将钢结构作为主要设计元素之一，结合玻璃幕墙体系形成精美、现代的外观效果，幕墙外侧设有竖向的遮阳百叶，在起到遮阳功能的同时丰富了立面效果。

办公楼主楼的内部设有 3 层通高的室内中庭，中庭顶部设有玻璃天窗，为室内提供了自然采光和通风。改善了内部空间环境，为办公人员创造了舒适、宜人的办公环境。

齐商银行总行客户服务及运营中心

设计单位：中国建筑东北设计研究院有限公司（深圳）

主创建筑师：刘战

设计团队：梁钧铭　王冠　白雪　陈超
　　　　　吴非　张国瑞　徐一航

项目地点：山东省淄博市

设计时间：2018～2021年

用地面积：20750m²

建筑面积：230000m²

建筑高度：300m

建筑创新点：

· 体现地域文化的标志性建筑

设计力图结合地域文化，创造新颖、独特的建筑形象，使之成为集银行总部、商务酒店、高档写字楼、配套商业为一体的智能化、绿色节能的淄博市地标性建筑。

· 高效的使用率和经济性

室内办公空间力求方正、实用，避免出现异形空间及不利于分隔的室内空间，提高办公空间的使用率。

· 较强的空间划分灵活性

注重空间划分的灵活性，做到使用灵活、出租灵活、出售灵活、扩展灵活。

· 高标准的节能、生态建筑

结合气候特征，充分利用成熟的节能技术，减少能源的消耗，创造高效、绿色、可持续发展的办公空间。

信昌高尔夫会所

设计单位：深圳市清华苑建筑与规划设计研究有限公司
主创设计师：陈 飞
设计团队：陈富尧　黄瑞言　张　强
项目地点：广西桂林
用地面积：20000m²
建筑面积：7159.6m²

获奖荣誉：2017 年第三届深圳建筑创作奖金奖

规划地块位于桂林市朝阳区，坐落于桂林市东部，紧邻 G72 泉南高速，地块成不规则形。

本方案以"镜"为理念，镜像、映像，桂林的水天一色；龙脊梯田倒影蓝天白云的色彩；而桂海碑林中映射着历史文化的沉淀，正如传统文化的传承，中西文化的交融，互相镜像，相映成趣。

本设计最大优点，在于室内空间中运用桂林水天一色的特色。在建筑内部引入活水，在中央螺旋坡道中引入桂林特色的碑文文化，营造出独特的具有桂林特色的高尔夫会所。虽然弧形造型提高了造价，但却换来独树一帜、与天地共融的出色作品，极具价值。

海口行政中心

设计单位：香港华艺设计顾问（深圳）有限公司
设计时间：2009 年
竣工时间：2011 年
项目地点：海南省海口市
用地面积：351000hm²
建筑面积：252000m²

海口行政中心位于长流新区腹心,用地面积35.1万hm²,总建筑面积25.2万m²。其中主体建筑为四套班子办公中心,附属公共建筑包括公安局、检察院等各局级部门办公楼。

规划上以四套班子院落建立有力的中轴线,形成"四合居中、两翼齐飞"的态势,同时又具有"外紧内松、外整内柔"的特色,体现了行政建筑和谐而又不失恢宏的特质。四套班子"一庭、两堂、四院"的布局,使市委与市府,人大与政协两两相连,外部形象四合为一,强而有力。立面设计立足本土、庄重亲民,把从南洋建筑中提取出来的坡顶、木色百叶等元素和当地传统建筑架空、遮阳以及骑楼等手法有机结合,坡顶颜色源于蓝色大海,外墙颜色源于米色的沙滩,再加上木色百叶栏杆,构成了整体朴实自然,独具海口本土特色的行政中心。

整个建筑群与景观设计紧密结合、浑然一体,力求打造一个本土特色与行政特质相结合的行政办公中心。

三亚亚龙湾行政中心

设计单位：筑博设计股份有限公司

设计团队：钟 乔　俞 伟　钟建锋　刘瑞婷
　　　　　　张甜甜　陈 雅　朱 旭　丁余作
　　　　　　李星星　温夏兰　周海彪　黄嘉振
　　　　　　韦 炜　蔡锦晨　王廷枝

项目地点：海南省三亚市

竣工时间：2012 年

用地面积：35049m²

建筑面积：29777m²

奖项荣誉

2015 年"美居奖"南赛区中国最美办公建筑

2015 年度全国优秀工程勘察设计行业奖

第十六届深圳优秀勘察设计评选优秀公共及工业建筑设计一等奖

建筑创新点：

项目利用地块和周边的关系生成了与环境穿插和谐的建筑体量，丰富的地景景观和第二地坪相结合，形成了丰富的总图景观环境。建筑设计尝试去展示总部文化纯理性的思维过程，白色派的建筑风格在理性中透着简约和雅致。

分析权衡各空间的造型，形成了丰富的天际线。建筑立面开合有度，依照朝向选择合理的表面纹理，取得绝佳的通风和采光效果。

以谦逊的姿态在场地中留出开放的公共景观通道，开敞的空间结合室内厅堂，既达到了丰富空间类型、提升空间价值的目的，又节约了建筑整体能耗，取得绝佳的窗景效果。室外公共景观与室内微环境景观相互穿插，形成了丰富的空间过度，充分利用了灰空间，进一步丰富了建筑的空间语汇。

鲁能集团海口鲁能中心

设计单位：WOW 建筑设计事务所
　　　　　　深圳市东大国际工程设计有限公司
建筑面积：68199.20m²
项目地点：海南省海口市长流起步区中心
建设情况：2017 年竣工
主要功能：办公、商业

设计特点：

以可持续发展的生态环境为原则，尊重地方特色与热带风格。

面向东北开放的城市广场、景观绿带和商业区节点，沿街景打造一个综合性的整体商办形象。

运用极富吸引力的商业空间，营造多样化，特色化，精致化的商业服务群落。

布局灵动，主体中各层嵌入多处空中花园及立体绿化，绿意盎然。

采用滨海时尚建筑风格，以现代主义来诠释，玻璃和墙体的交错设计，体现浪漫的现代感。

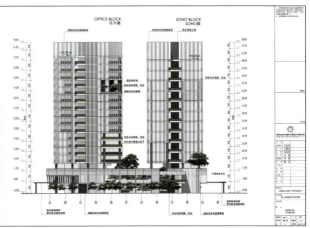

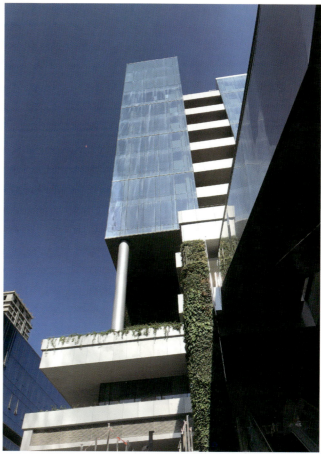

201 大厦

设计单位：深圳市欧博工程设计工程设计顾问有限公司
设计时间：2008 年
竣工时间：2012 年
项目地点：贵阳市金阳区
用地面积：38016 m²
总建筑面积：51200 m²
最高高度：201m
奖项荣誉：
　　2011 年全国人居经典建筑 规划设计方案竞赛活动建筑金奖
　　第七届全国优秀建筑结构设计三等奖
　　蓝星杯·第七届中国威海国际建筑设计大奖中获优秀奖
　　首届深圳市建筑工程施工图编制质量银奖

建筑创新点：

中天总部 201 大厦结构采用了钢支撑筒悬挂体系和双层呼吸式玻璃幕墙体系，是欧博超高层建筑领域 技术与美学高度整合的完美案例。会展中心和会议中心采用了消防性 能化设计手法，通过消防工程学理 论计算和计算机模拟验证，解决了 大尺度空间消防。

蚌埠市博物馆、档案馆及规划馆

设计单位：深圳市建筑设计研究总院有限公司
项目地点：安徽省蚌埠市
设计时间：2011年7月
竣工时间：2014年7月
工程类别：文化、教育建筑
结构形式：框架结构
占地面积：98649.6m²
建筑面积：69000m²
建筑高度：博物馆34.4m；规划馆38.3m

获奖情况：

　　2017年度广东省优秀工程勘察设计奖公共建筑一等奖

云南省博物馆新馆

设计单位：深圳市建筑设计研究院总院有限公司
项目地点：云南省昆明市
设计时间：2009 年 5 月
工程类别：文化建筑
结构形式：框架结构
占地面积：1.2 万 m²

建筑面积：6.8 万 m²
建筑高度：34.2m
合作设计：香港许李严建筑师事务有限公司
获奖情况：2017 年全国优秀工程勘察设计奖建筑工程一等奖

第 8 章 外地建筑项目　**245**

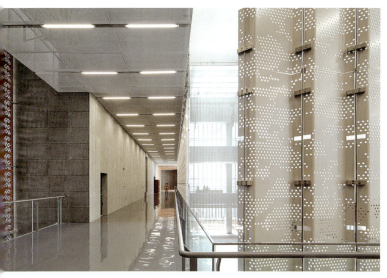

广州天环广场

设计单位：深圳华森建筑与工程设计顾问有限公司	设计时间：2009 ~ 2012 年
合作单位：Lead-8 公司 /Benoy（贝诺）公司	竣工时间：2015 年
设计团队：	用地面积：47600m²
设总：王晓东　史　旭	建筑面积：110000m²
建筑：黄俊峰　肖捷萍	
结构：陈刘钢　陈进旗　黄梓良　游　健	获奖情况：2016 年中国最美商业综合体（新楼盘）
给排水：董达明　李优嗣　唐祖银	2016 年广州市优秀工程设计一等奖
电气、电信：杨　虎　陈沛霖	2017 年广东省优秀工程设计二等奖
暖通：宾亮雄　林栋熙	2017 年全国优秀工程设计公建三等奖
项目地点：广东省广州市	

建筑创新点：

广州天环广场项目位于广州市中轴线之上，是一个多功能的高端商业及城市绿化的综合性生态购物公园，集生态休闲、时尚购物、文化娱乐、特色餐饮等多功能于一身，强调人与自然的和谐共融。项目建筑设计造型别具风格，总平面上看似为两条鲤鱼首尾相连，并让出中轴线的位置。设计师以"优雅双鱼"为设计主题，创造灵动的空间，表达社会和谐的共同理想，并寓意广州人民如意吉祥、生活美满，及向国际大都会之目标腾飞。高科技开放式天幕勾勒出优雅双鱼的形象，无论于大街仰望还是自四周高楼俯瞰，均可欣赏天幕的灵动线条。

项目采用绿色种植外墙、屋顶绿化、PTFE 光能技术、雨水收集再用、再生/本地建筑材料、太阳能路灯系统等高科技环保措施。以立体绿化空间为设计概念，地块内的绿化系统是多层次、立体的，地面、下沉广场、层顶和外墙同时栽种大量绿色植物和花卉，表现四时不同的醉人景致，特显广州的四季分明。绿化率高达60%，提供约 8600m² 的大型公共绿化广场，成为广州市中轴线上的新都市绿洲，减少温室气体的排放。

珠海中海富华里

设计单位：香港华艺设计顾问（深圳）有限公司
项目地点：广东省珠海市
设计时间：2012 年
竣工时间：2015 年
用地面积：68220.55m²
建筑面积：238771.93m²
容积率：3.5

项目位于珠海市最繁华的拱北区域，临近吉大、前山两大板块，北临珠海市东西向主干道九洲大道，西临白石路，东南向为规划道路。

项目功能包括两栋办公楼、一栋酒店、三栋公寓和风情商业街。本案将办公楼和公寓相对集中于在用地东侧和南侧，将商业北侧和西侧空间打开，让城市空间和商业空间相互渗透，并在商业区内的中央广场融合，从而塑造了风情商业的氛围，便捷了公众的到达性和参与性。

天益国际一期

设计单位：深圳市清华苑建筑与规划设计研究有限公司
项目地点：广东省惠州市
用地面积：27169m²
建筑面积：167546m²

奖项荣誉：

第二届深圳市建筑工程施工图编制质量结构专业奖及暖通专业奖

第 8 章 外地建筑项目　**251**

湛江鼎盛广场

设计单位：深圳市清华苑建筑与规划设计研究有限公司
主创建筑师：林彬海
设计团队：黄运强　郭希瑗　邓　波　李青青　吴家坤
　　　　　　康笑梦　高屹立　詹展谋　潘北川　张俊波
　　　　　　周　鹏　阮可可　余晓明　肖东燕　李晓梅
项目地点：广东省湛江市
用地面积：43002.2m²
建筑面积：213182.73m²
获奖荣誉：
深圳市第十六届优秀工程勘察设计住宅建筑二等奖
2015年度广东省优秀工程设计三等奖

鼎盛广场位于湛江市人民路黄金地段，是当年的湛江"地王"，具有极高的商业价值。既要实现商业空间的最大化利用，又要为高档住宅营造私密的生活空间及便利的购物流线。本设计通过合理的规划布局，科学的流线组织和对地形高差巧妙的结合达致多方诉求的高度统一。

本设计致力于城市、建筑空间关系的研究，旨在通过建设基地所处城市地理位置及周边人文环境的分析，挖掘项目自身优势，寻求生态、环境、人文及居住理念的最佳结合。本项目的产品构成为高层高档住宅及多功能商业，建成为湛江市首个真正意义上的城市综合体。

常州亚太财富中心

设计单位：深圳市市政设计研究院有限公司
项目地点：江苏省常州市
用地面积：2.08 万 m^2
建筑面积：11.3 万 m^2；地下建筑面积 2.3 万 m^2，地上建筑面积 9.0 万 m^2
容积率：5.43

项目位于江苏省常州市武进区和平路以西，隔湖中路以北，为常州市最高的标志性建筑，共 42 层，其中塔楼 38 层，裙楼 4 层，塔楼高度 175.3m。

恒丰贵阳中心

设计单位：筑博设计股份有限公司

设计团队：杨为众　马镇炎　刘晓英　毛晓冰　陈天泳
　　　　　　周小强　徐　峥　武　琛　王一申　马俊彦
　　　　　　蒋兴林　李英伟　高丽娜　李　斌　王　娅
　　　　　　赵雪峰　张　伟　于振峰　姜　冰　雷　静
　　　　　　蒋兴林　朱林海

合作单位：美国 Laguarda.Low Architects、
　　　　　　意境建筑设计有限公司

项目地点：贵州省贵阳市

设计时间：2015 年

建筑面积：787000m²

用地面积：65986m²

建筑高度：350m

奖项荣誉：深圳市城乡规划一等奖
　　　　　　广东省优秀城乡规划.三等奖

建筑创新点：

项目总建筑面积 78.7 万 m²，包含了兼具星级酒店与写字楼功能的主塔楼，尊奢公寓与顶级豪宅，以及 1 个 6 层高的包括零售及文化娱乐功能的复合型商业综合体。作为未来贵阳最具代表性的地标综合体，这一"地标级"全业态复合型综合体将以无比多样的姿态为该地区注入新的激情和活力，并将这里转变成为一个更加多样化和宜居的城市区域。

项目规划既满足了空间有机组织，也创造了新的消费体验，为演绎现代城市生活新方式，及未来城市高密度综合体的设计探索提供了平台。

恒丰贵阳中心主塔楼从一个巨大的河滨公园升起，纤细如水晶般的体量直入云霄，成为贵阳天际线的新标志。这座 350m 高的塔楼特别注意用户体验和对公共领域的影响。从外面的大型广场，到开放集会空间和公共观台，建筑保证了室内和室外都有令人难忘的体验。

昆明万达广场双塔

设计单位：广东省建筑设计研究院深圳分院
　　　　　Gensler 晋思建筑咨询（上海）有限公司
项目地点：云南省昆明市西山区
建设时间：2015 年 12 月
建筑面积：460094m²
建筑高度：297.3m
设计团队：陈朝阳　陈星　孙礼军　周文　卫文
　　　　　浦至　何海平　徐晓川　张伟生　黄继铭
　　　　　朱少林　付亮　邓邦弘　张竟辉　吴文凯
　　　　　曹卿

奖项荣誉：

2017 年度全国优秀工程勘察设计行业奖优秀建筑工程设计二等奖

2017 年度广东省优秀工程勘察设计奖工程设计二等奖

深圳市第十七届优秀工程勘察设计奖建筑工程设计二等奖

设计创新点

双塔外形从下向上先每层变大，后又渐渐变小，立面为多个双曲面且层层向内退。昆明市花是山茶花，项目整体立面设计灵感便是来自于它。建筑裙房造型以流畅的弧线围合，以石材与玻璃两种材质相互穿插，形成不同层次的肌理，富有一片片茶叶的符号。同时结合肌理变化的弧线设计种植植物，形成一片片绿色的叶子。双塔采用简洁的建筑手法，采用全玻璃幕墙的建筑立面，四向立面及四个建筑转角在简洁的玻璃幕墙上运用幕墙进退的关系营造出山茶花花瓣造型的特点。

昆明西山万达广场（双塔）荣获第十二届（2015～2016 年度）第一批中国钢结构金奖，是在 8 度地震设防烈度区，在超深基坑、超软地基、超难结构、超高建筑等复杂情况下建设完成的精品建筑。双塔属于超 B 级高度超限结构，采用了钢管混凝土柱钢梁框架-型钢混凝土核心筒体系，设置钢结构生比及腰桁架加强层。双塔基坑深达 16m，其中的坑中坑则深达 23 米，超出云南省规范深度 8m，创下云南省最深基坑纪录。双塔两块 4m 厚基础筏板 60h 不间断浇筑完成，也创下了昆明市最大体积一次性浇筑量记录。

长沙晟通·梅溪湖国际总部中心

设计单位：深圳和华国际工程与设计有限公司

设计团队：

  项目总负责人：梁绿荫

  方案设计：刘栩科 蒙琪君

  施工图设计：史楚林 段玉生 林碧懂

       肖　波 罗　刚 黄良华

工程地点：湖南省长沙市

建筑面积：626658.70m²

建筑高度：140m

结构类型：塔楼框支剪力墙结构，裙房采用框架结构，一级工程

项目概况：

总体规划——U形半围合布局。

北区规划设计采用半围合式建筑布局，用地的东、西、北分别布置120m、130m、140m超高层住宅建筑，以建筑围合中央庭院，创造出160m×130m的超大中央内庭花园，南侧敞开以引入梅溪湖景观。商铺沿东西两面临街布置，南面临环湖路则布置两栋2000㎡左右的特色商业别墅。

南区由于进深较小采用两行布局，东北、西北、西南角各一栋100m高层住宅，延续了北区的U形形态，湖边布置高档别墅，环湖路一侧则是商墅、会所等与北地块形成呼应。

交通设计——生态、高效、低碳的交通设计

采取人车分流的设计原则，人行主入口设置于环湖路，南北地块相对设置主入口大堂。机动车由市政道路便捷进入地下车库，除紧急情况外，机动车不进入小区内庭院，避免机动车流线与人行流线出现交叉。

东莞松山湖长城世家

设计单位：香港华艺设计顾问（深圳）有限公司

设计时间：2005 年

竣工时间：2008 年

工程地点：广东省东莞市

建筑面积：134400m²

容积率：1.6

　　项目位于松山湖科技产业园"中心区"，地块东南面可看到碧波荡漾的松山湖。其区域位置极为优越。社区有机融入原有的空间体系和城市肌理，最大化利用基地周边有利资源。规划追求自然、层次丰富和利用地形。规划依形就势，通过空间的"一长带三组团"进行组织，营造舒适、亲切，各具情态的组团空间。商业和住宅各自成区，相得益彰。

惠州万科双月湾

设计单位：筑博设计股份有限公司

工程地点：广东省惠州市

设计时间：2012年

用地面积：157409m²

建筑面积：1298800m²

建筑高度：100m

设计团队：杨晋　周剑　游霞　刘勇智　林丽锋
　　　　　　龙浩　史硕　陈书敏　陈皓　周亚亮
　　　　　　许丰　陈尧堂　边志虎　刘旭佳　史霄
　　　　　　刘勇　黄勇　吴万玲　吕若雯　李骞
　　　　　　汤凯峰　陈立民　曹天德　蔡锦晨　陈星蒨
　　　　　　刘会琴　毕铭月　詹晓波

奖项荣誉：

2017年度广东省优秀工程勘察设计奖评选住宅与住宅小区三等奖

第十七届深圳市优秀工程勘察设计评选住宅二等奖

首届深圳建筑创作奖建成类铜奖

建筑创新点：

惠州万科双月湾项目位于广东省惠州市，总建筑面积达129.88万m²，包含了住宅、公寓、星级酒店商业与小区配套设施等。这一新型的复合型滨海度假社区以其前瞻性的规划理念与产品理念为双月湾注入了新的活力，使其成为深圳、广州片区名副其实的第二居所。

项目规划遵以下几个原则：1.采用网状的街道、公共空间广场和社区中心等小镇规划原则；2.打造多个开放空间；不仅仅限于海滩，在居住区内部也有公共空间给予人们进行交往等活动的场所；3.结合海滨，提供良好的步行环境：既提供优美的道路风景，又具有宜人的道路尺度，同时也保证道路的通达性。通过以上原则使住户在家里能直接看海，同时营造一种开放的、充满活力的社区氛围，实现快速到达海边，参加各种活动的目的。

第 8 章 外地建筑项目

北京保利·东郡

设计单位：筑博设计股份有限公司
项目地点：北京
设计时间：2010 年
竣工时间：2013 年
用地面积：47987m²
建筑面积：1722689m²

奖项荣誉
2013 年第八届金盘奖最佳综合楼盘

设计团队：杨为众　王旭东　周　剑　顾　斌　周祖寿
庞晓宝　陈兴华　李津津　潘　俊　贾　斌
郑树刚　李　然　高　军　泰亚龙　鲁　云
高　威　郑　树　刘永生

建筑创新点：

北京保利·东郡项目地处 CBD 辐射区，交通和绿化条件优越。设计贯彻了保利品牌——"和者筑善"的理念，体现保利地产以和为道的文化底蕴和以善为达的价值准则，建成一个中西合璧、深具灵魂品格的东方私人庭院。

新古典主义的纯粹大宅，由 5 栋高层板楼组成。住宅北侧和南侧各设小区的主要出入口，通过建筑围合，形成围合造园的规划理念。小区内部以点式住宅布置，为项目提供了最大化的绿化景观。整个景观格局取自传统园林的前庭后院布局——前庭讲究轴线对称，突显伦理、秩序和逻辑，以全新的设计思想来探

索传统意境的现代演绎，从本案地域历史和保利自身丰富的多元文化中挖掘题材打造设计的独创性和唯一性，并试图在景观概念上有所突破，着眼于心灵净化，思想升华。在环境营造上不单单满足人的观赏性，更多的是表达人对更高层次的精神诉求，使环境和心灵都达到"空、灵、静"的唯美境界。

海南省三亚市金中海蓝钻

设计单位：东南大学建筑设计研究院深圳分公司

建设地点：海南省三亚市

建筑面积：96313.58m^2

建设用地：46346.52m^2

建设情况：2011年竣工

主要功能：居住建筑

获得奖项：2011年荣获教育部优秀设计一等奖

2013年获全国勘察设计二等奖

用地毗邻美丽的三亚湾一线海滨，总体设计充分利用海景资源因素，以新颖的"海之花"为主题理念，四片板式住宅"花瓣"按风车型围绕中心水景庭院布置，为每一户单元争取到最大的海景景观。

造型流畅，线条柔和舒畅，建筑风格体现出鲜明的热带海滨建筑特色，营造了具有三亚地域文化特点的宜居、浪漫的主题楼盘形象。

三亚凤凰水城

设计单位：深圳机械院建筑设计有限公司
项目地址：海南省三亚市
项目时间：2007年
用地面积：2144300m²
建筑面积：1300000m²
获奖情况：全国优秀工程设计二等奖

西安电子科技大学新校区巨构

设计单位：深圳机械院建筑设计有限公司
项目地址：陕西省西安市
项目时间：2004
用地面积：277155.54m²
建筑面积：246762.80m²
获奖情况：全国优秀工程设计三等奖

华润大学

设计单位：广东省建筑设计研究院深圳分院
　　　　　Foster + Partners（福斯特建筑事务所）

设计团队：

磨艺捷　黎国泾　张　曦　许成汉　磨艺捷
黎国泾　周　文　张伟生　张　曦　孙　克
林广都　孙国熠　李　靖　谢德萍　吴彤欣
蔡臻翔　邓诒宵　姜　波　郑鑫伟

项目地点：广东省惠州市惠阳区霞涌小径湾

设计时间：2012年12月~2016年7月

竣工时间：2016年7月29日

用地面积：77996.5m²

建筑面积：53585.37m²

建筑高度：23.9m

奖项荣誉：

英国皇家建筑师协会2018年RIBA国际优秀建筑奖

广东省建筑设计研究院优秀勘察工程建筑工程类一等奖

第三届深圳市建筑工程施工图编制质量金奖

深圳市第十七届优秀工程勘察设计评选（建筑工程设计）一等奖

建筑创新点：

在华润大学的规划空间设计中，强调"逐级专属"与"院落组合"的空间概念。以依山就势，层层布局的各种不同标高平台为不同对象交往、交流、学习、休憩提供相应的场所。由高至低，具体来说有培训区之间的学习交往平台空间，综合馆之间的娱乐互动空间，接待所楼之间的休憩共享空间。在每个平台植以茂林修竹，翠草繁花，形成多种多样的宜人空间，同时注重南北向水平轴线的联系，顺应山势，设计阶梯山道步行系统，将每个平台有机且富有趣味的组织起来，形成一个完整

生动的建筑群落。

在设计中注重中国传统"师法自然"的营造手法，依山而建，尽量少填挖方，保持地形原貌，不破坏当地优美的自然环境，强调建筑融入自然环境之中，建筑与自然的相融共生。

无锡深南电路工业园一期

设计单位：中外建工程设计与顾问有限公司深圳分公司

设计师：徐金荣　姚建伟　刘　洋　严鹏飞　谢雪皎等

项目地点：江苏省无锡市

设计时间：2014 年

用地面积：12.4 万 m²

建筑面积：19.1 万 m²

开发单位：深南电路股份有限公司

奖项荣誉：

  2017 年全国优秀工程勘察设计行业奖三等奖

  2017 年广东省优秀工程勘察设计评奖工程设计二等奖

  2016 年第二届深圳建筑创作二等奖

  2016 年深圳市第十七届优秀工程建设设计一等奖

东莞普联产业园

设计单位：悉地国际设计顾问（深圳）有限公司

项目地点：广东省东莞市南朗路碧湖路交口

设计 / 竣工：2014 / 2016 年（一期）

建筑面积：287808m²

东莞 TPLINK 产业园是按照"可持续工业园"的理念来进行规划和设计的一次尝试。我们以自用型产业园人与生产工艺的需求为出发点，进行产业园区的规划和建筑设计，为科研人员创造出一个高效舒适，能够激发灵感和创造力的新型生产和研发花园式环境。宿舍的立面加入了一些金属百叶与外挂楼梯、突出平台等元素，打破单一的横向水平线条，同时也将地面的庭院空间向上延伸，打造出立体庭院与交流空间，让员工们在自己的宿舍门口就能感受到庭院景观。

中集松山湖产业中心

设计单位：悉地国际设计顾问（深圳）有限公司
项目地址：广东省东莞市
设计/竣工：2013年/2016年（一期）
建筑面积：331600m²

本案设计以"办公岛"的形式呈现建筑群落，由此生长出很多独立的小空间，这些空间让它们彼此组成的办公生态关联，各个独立的岛屿拥有独立的电梯和卫生间，保持一定的个性化。整个建筑集群通过公共的服务空间让所有的办公岛屿发生联系，同时在每一个区域之间插入丰富的景观绿植，把整个空间有效地组织起来，让有别于都市的办公环境拥有更好的接触自然的机会。

东莞酷派天安云谷

设计单位：筑博设计股份有限公司

设计时间：2015 年

用地面积：98000m²

建筑面积：176000m²

工程地点：广东省东莞市

合作单位：深圳市建筑设计研究总院有限公司

奖项荣誉

2017 第三届深圳建筑创作奖未建成项目二等奖

建筑创新点：

在总体规划上，项目强调与传统园区完全不同的开放型、服务型的设计理念，使园区融入城市。结合场地条件以城市 T 台为概念主题，在场地中部形成景观活力带，设置主题性景观与活动场所，强调开放与互动，提高整个规划的空间与环境品质，形成整个项目的特色骨架核心。园区内部采用高低搭配，容积混合的方式，布局产业板楼，总部楼，创客楼等，强化尺度的丰富变化，服务整体景观体系，同时底层架空开放，并设置环绕整个园区的连廊系统，回应岭南的气候条件。

筑博设计与甲方一起进行调研分析后，对整体产品进行规划，以强调服务适配为主要原则，深入研究各类需求。与传统地产成本理念不同，地下室考虑长期运营的需求，尽量扩大，基本达到上限，并设置地下主路系统，强化体验。塔楼产品，服务于中小初创企业，面积偏小可分可合，板楼产品针对中试研发与轻型制造，加大楼板荷载，提高层高，总部楼围绕独立性与景观性设计，提供独特气质。

随着产业升级发展，未来的东莞在粤港澳大湾区的地位将进一步提升，而松山湖作为其中的关键节点，凭借得天独厚的自然环境，吸引大批世界级企业的入驻，必将成为珠三角的产业明珠。

郑州新郑国际机场 2 号航站楼及交通换乘中心

设计单位：中国建筑东北设计研究院有限公司（深圳）
主创建筑师：任炳文　刘　战　杨海荣　邵明东
　　　　　　　梁钧铭
设计团队：郝　鹏　燕　翼　支　宇　隋庆海　吴一红
　　　　　　王艳军　赵雪峥　朱宝峰　董明东　何延治
　　　　　　姜　军　王晓光　曲　杰　李绍军　姚　远
　　　　　　胡　琦　张洪涛　龙晓涛　李曙光　李　鑫
　　　　　　刘洪平　骆菊香　周凤旭　王　洋　罗志峰
　　　　　　岑楚深　陈锦涛　王　超　邢凤春　金　鹏
　　　　　　蔡曙光　汪卫冉　金丽娜　李竹琳　王继林
　　　　　　陶罗飞　刘浩　吕佳丽
项目地点：河南省郑州市
设计时间：2011～2015 年
竣工时间：2015 年 12 月

用地面积：83.6 万 m²
建筑面积：76 万 m²
建筑高度：39.53m

奖项荣誉：
　2017 年度全国优秀工程勘察设计行业建筑工程一等奖
　河南最美建筑一等奖（标志性建筑）
　2016 年度辽宁省优秀工程勘察设计奖建筑工程一等奖
　2016 年度中国建筑优秀勘察设计大奖金奖
　2016 年度中国建筑优秀勘察设计（建筑工程）一等奖
　2009～2010 年度中国建筑优秀建筑方案设计一等奖

建筑创新点:

流程复杂,集约程度高

郑州机场是高集约化的综合枢纽,集航空、城际铁路、地铁、长途大巴、公交大巴、机场巴士、出租车、私家车、空侧捷运等于一体,空陆无缝换乘的交通中心,交通流线复杂。

独特的室内空间

大厅采用翻转板吊顶最大限度地避免了眩光,使阳光变得柔和温馨,营造出一种自然、惬意的室内环境,同时也巧妙地解决了采光、通风、排烟等诸多技术问题。

白天,阳光透过吊顶变化的缝隙倾泻而下,给人以沐浴阳光享受自然的感受;入夜,错落有致的翻转叶片,随着人们行走位置的变化,形成移步换景的空间体验。

系统性地进行室内绿化景观的设计,赏心悦目的绿植既改变了北方干燥的小气候,为旅客创造绿色宜人的室内环境,更使舟车劳顿的旅客得到视觉上的宁静和精神上的放松。

郑州新郑国际机场航站楼改扩建工程（扩建）

设计单位：中国建筑东北设计研究院有限公司（深圳）
主创建筑师：任炳文　杨海荣　刘　战
设计团队：燕　翼　支　宇　邵明东　骆菊香　龙晓涛
　　　　　　邹　可　隋庆海　吴一红　窦南华　王艳军
　　　　　　申豫斌　赵雪峥　史德博　朱宝峰　徐良欧
　　　　　　何延治　兰品贵　王晓光　曲　杰　李胜军
　　　　　　高　扬
项目地点：河南省郑州市
设计时间：2004～2005年
竣工时间：2006年11月
用地面积：24万m²
建筑面积：8万m²
建筑高度：29m

奖项荣誉：
2005年度中国建筑总公司优秀方案一等奖
2007年度中国建筑金属结构协会钢结构金奖
2007年度河南省建设工程"中洲杯"奖
2007年度中国建筑工程鲁班奖（国家优质工程）
河南省建筑业新技术金牌示范工程
2005～2006年度中国建筑工程总公司优秀工程设计一等奖
2007年度河南省城乡建设优秀勘察设计一等奖

建筑创新点：

本工程是中国建筑东北设计研究院有限公司（深圳）独立参与国际竞赛投标中标方案，打破了近年国内同等规模机场设计方案被国外设计公司垄断的局面。

郑州机场是一个功能流线复杂的枢纽型国际机场，是河南省重点工程。工程分扩建和改建两部分，在完成扩建工程后对原有候机楼进行改建，最终形成一栋完整的建筑。设计体现了现代空港建筑以人为本、动态发展的设计理念，注重流程设计的顺畅高效；着力于建筑空间的再优化；建筑形象突出地域和个性；注重结构设计的合理性和经济性；增加非主营业务——商业的设计；注重建筑节能设计。

原有航站楼存在流线不畅，室内层高不足，空间低矮狭小，伸缩缝多等诸多因素，这给设计带来了不少制约，设计人员对所有问题逐一进行分析和解决，对平面布局、室内空间效果、外部造型作了统一的考虑和设计，使改扩建后的郑州机场航站楼流线简洁明确，功能布局合理，室内环境舒适宜人、外部造型协调统一。

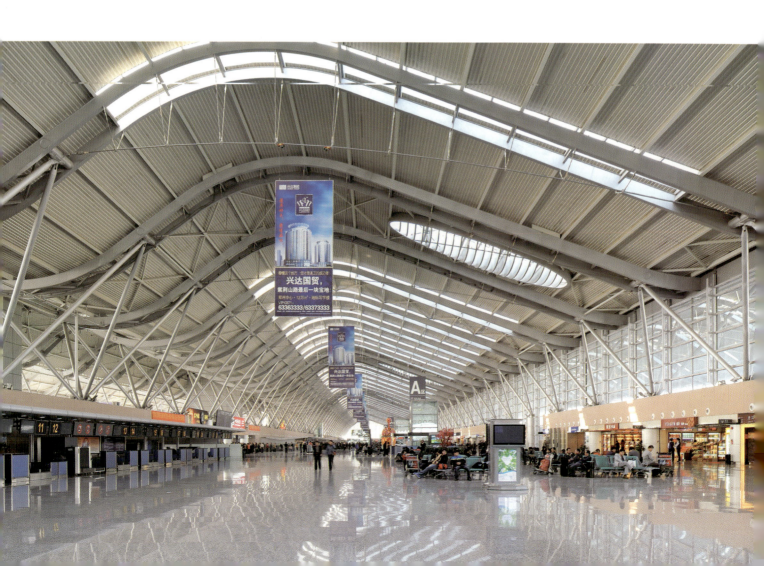

长春火车站综合交通换乘中心北广场

设计单位：深圳市市政设计研究院有限公司
　　　　　深装总建设集团股份有限公司

获奖情况：
　　2015年度全国优秀工程勘察设计一等奖
　　2015年广东省优秀工程勘察设计一等奖
　　深圳市第十六届优秀工程勘察设计工程设计一等奖

长春站综合换乘中心是集高速铁路、普速铁路、长途客运、快轨、常规公交、出租车、社会车辆、自行车、行人交通等9种交通方式于一体的大型综合交通换乘设施。远期客流规模70万人次/日,设计通过"南疏北引"的总体设计布局,建设快速集散系统工程、市政道路及配套工程,构建不同的交通体系,使不同功能区的交通相分离,以保障各系统交通的运行通畅。项目于2012年5月竣工。

沪宁城际铁路镇江站综合交通枢纽

设计单位：深圳市市政设计研究院有限公司

镇江市综合交通客运枢纽（沪宁城际铁路镇江站市政配套工程）位于现镇江火车站铁路以南李家大山区域，占地270亩，拆迁总面积26万m²，估算总投资25亿元，是当时镇江历年来拆迁量最大、投资额最高的单项城建交通工程。项目是集成了铁路、公路、城市轨道交通、公交、出租车、非机动车等多式交通的转换空间。该项目建于2011年5月竣工。

贵阳国际会展中心

设计单位：深圳市欧博工程设计顾问有限公司

工程地点：贵阳市金阳区

设计时间：2008 年

竣工时间：2012 年

用地面积：518000 m²

总建筑面积：115800 m²

景观面积：305000 m²

净展览面积：99336 m²

容积率：1.72

奖项荣誉：

LEED-NC（新建筑）"铂 金奖"

2014 年度原创景观设计奖（中国·深圳）三等奖

中国建筑设计奖（建筑电气／暖通）银奖

深圳市第十五届优秀工程勘察设计评选获风景园林设计三等奖

首届深圳市建筑工程施工图编制质量金奖

首届深圳市建筑工程施工图编制质量电气专业优秀奖

第八届中国人居典范建筑规划设计方案竞赛活动建筑设计金奖

2011 年全国人居经典建筑规划设计方案竞赛活动获综合大奖

建筑创新点：

展览中心是贵阳国际会议展览中心项目中的核心建筑，是整个会展城的躯干和中心。建筑的形体以商业中心为开端，分解为 8 个展厅，覆盖了 12 万 m² 使用功能。一层银灰色的金属表皮如流水般自东向西流动，形成了入口、登录大厅和主展场等主要功能空间。同时结合合理的结构布置，形成无柱大空间，实现布展的灵活性。作为整个项目的中心，会展城在规划上的东西轴线和南北轴线以架空平台的形式交汇于建筑的中心，连接了东西南北各个方向，使得整个建筑不只拥有单纯的展览功能，更是一个市民活动集会的街区和广场，为城市生活注入新的活力。

广州猎德村

设计单位：广东省建筑设计研究院
主创建筑师：许成汉　胡曼莹　邓伟明　叶　楠
　　　　　　　陈朝阳　郭　燕　吴晋湘
设计内容：村民复建安置区（桥东地块）
　　　　　　猎德村一河两岸——猎人坊（桥西南地块）
　　　　　　天德广场（桥西南地块）
项目地点：广东省广州市
建设时间：2008～2013 年

	建筑面积：	建筑高度：
安置区：	93.4 万 m²	12～120m
猎人坊：	0.74 万 m²	10.8m
天德广场：	23 万 m²	180m

奖项荣誉：
　　获 2011 年全国优秀城乡规划设计（村镇规划类）三等奖
　　获 2011 年广东省优秀工程勘察设计一等奖
　　获 2011 年广东省城乡规划设计优秀项目二等奖

改造策略：

　　猎德村位于珠江新城南部，南临珠江。猎德村分三部分进行改造：桥西区按价值最大化原则进行拍卖，拍卖资金用以改造桥东地块（安置区）；用于发展商务的桥西南区规划成含酒店办公和商业的综合体（天德广场），以作为村集体经济的支撑项目；桥东地块作为村民安置区，设计村总人口约 2 万人，整体复建改造工作于 2010 年完成，并于同年 9 月正式回迁入住。堪称"广州第一村"的猎德村旧村改造项目成为广东省"三旧"改造的示范工程。

东莞神仙山公园

设计单位：深圳媚道风景园林与城市规划设计院有限公司
主创设计师：沈悦 洪琳燕 卢晓 李凯历
　　　　　　　王伟 段淑卉 **项目地点**：广东省东莞市
设计时间：2018年4月
用地面积：一期4hm² 方案与施工图设计，二期16hm² 概念方案

项目位于东莞东城区，毗邻城市主中心，是城市中一块难得的绿地，与东江只有500m距离，景观位置条件优越。现状周边为相对破旧的下桥工业区，远期要更新成为新型产业园区。总体结构为一轴两带三丘。

一轴：着重打造景观主轴回应东江，沟通山、水、城市互望关系。同时融入场地制造业文化，打造城市记忆轴，通过景观化的方式隐喻东莞过去、现在与未来，展示东莞从制造走向智造的雄心和城市新形象。轴线尽端设置流云亭，以山间云雾与科技云为主题打造全园精神堡垒。

两带：以两座架起的桥沟通被割裂的三个山丘，形成完整的游览体验。

三丘：根据自然本底、场地文化、周边业态以及片区与园区使用人群需求，叠加综合考虑形成三个主题山丘，各有侧重，满足不同人群的游览需求。

探索之丘——园内最大也是最高山丘，为公园主丘，以探索游览自然之乐的生活性游览为主题，结合场地本身的制造业文化（同时也是城市文化与形象重点），重点打造入口与主要景观轴。

纪念之丘——以场地原有寺庙为基点，设置精神空间，提供园区（脑力劳动者为主）、周边居民户外精神休憩、读书、冥想等空间。

创享之丘——山丘高度不高，坡度不大，为公园最小最低山丘，周边被城市业态包围，设计定位为一个参与度更高、开发强度更高、提供更多创享交流场地的空间，促进创新灵感的迸发。

第 8 章 外地建筑项目　**283**

阳江市鸳鸯湖景区

设计单位：建学建筑与工程设计所有限公司

设计团队：
　　项目负责人：于天赤

项目地点：广东省阳江市中心区鸳鸯湖畔

开发单位：阳江市城市综合管理局

设计人员：杨　杰　陆　鑫　吕　昱
　　　　　　韩震耀　林　娟

设计面积：180hm²

绿化面积：39.06hm²

设计/竣工年份：2010年/2011年

1. 鸳鸯广场
2. 风筝广场
3. 风圆
4. 亲水大台阶
5. 街角绿地
6. 东区生态停车场
7. 风筝博物馆
8. 西区生态停车场
9. 树林草地
10. 无字诗景石
11. 风雨廊
12. 鸳鸯桥
13. 露天舞台
14. 舞台功能房
15. 亲水木平台
16. 观景木栈道
17. 鸳鸯雕塑
18. 特色文化灯柱

工程概况及特点

阳江鸳鸯湖景区位于阳江市的中心地段，其水面面积86km²，整体岸线总长约8930m。景区的西北为阳江市政府行政办公用地及居住、酒店用地，东南为自然山体及绿地，是典型的"半湖山水，半湖城"形态。

由于鸳鸯湖景区原为阳江的一个水库，且水深较浅，在设计中提出"亲水""戏水"的理念，设置亲水台阶，拉近了人与水的联系，设置喷泉及水墙，让人感受到水的气息。在水中设置"鸳鸯戏水"雕塑，为景区点题。鸳鸯湖景区是阳江市的一处"自然地标"。

东莞中集松山湖 C2-4 地块产业园景观概念设计

设计单位：深圳媚道风景园林与城市规划设计院有限公司
主创设计师：陈巍　黄慧　刘胜贺　徐瑞婷
　　　　　　李亚楠　李贺　李忠雪
项目地点：广东省东莞市
设计时间：2018年
用地面积：65750.88m²

设计构思：

项目以低成本和全生态为两大目标，遵循人本策略（高参与度、人性化设计、交通连续通达）、生态策略（营造生态、良性循环）、地域策略（地域文化、标志性企业名片、景观唯一性）、可持续策略（经济、生态、可持续发展）三大策略。方案从使用人群的特点出发，打造出具有高效、平等、开放、融合特色的景观，结合生态景观措施，营造宜人的办公环境，让使用者更多地参与景观中，并可在优雅的办公环境中激发创意灵感。

本方案有四大亮点：1.绿色会客厅——中心庭院利用大面积的水面和自然式的驳岸，模仿自然湿地，中央庭院湖景引入，打造企业自然客厅；2.定制后花园——生态级科技办公，独栋总部专属庭院，回归自然；3.开放人性外围——生态边界打造自然过渡场景，打破原始僵硬办公环境；4.丰富多元场所——以人性尺度，在有限空间量身定制不同活动空间。

成都麓湖生态城 C3 组团

设计单位：深圳机械院建筑设计有限公司
项目地点：四川省成都市天府新区
项目时间：2015 年 9 月
用地面积：22600m²
建筑面积：69800m²

获奖情况：全国优秀工程设计三等奖

温州金海湖生态公园

设计单位：深圳市市政设计研究院有限公司

获奖情况：

第十七届深圳市优秀工程园林景观设计一等奖

项目是集蓄洪、休憩、亲水于一体的生态型公园。项目以营造现代、滨水、休闲、生态的具有温州地方特色的综合性公园为目标，满足周边人群的散步、休闲、运动的基本需求。打造景观优美、使用方便的市级综合性休闲滨江公园。设计打破原有出海口线性的河道形态，将原始窄小淤塞的河道水系拓展成为放大开阔的"湖"的形式，一举解决防洪排涝、生态滞洪、海绵城市技术等多个问题。项目于2012年7月竣工。

第十一届中国（郑州）国际园林博览会规划设计

设计单位：深圳市北林苑景观及建筑规划设计院有限公司

项目地点：河南省郑州市

面积：园博园 119hm²，苑陵故城遗址公园 128hm²

完成时间：设计（2015～2016年），竣工（2017年）

郑州园博会规划提出以"引领绿色发展，传承华夏文明"为理念，以"绿色、低碳、惠民、共享"为办展思路，突出"文化园博、百姓园博、海绵园博、智慧园博"特色，展示园林艺术水平和城市园林未来发展方向，彰显文化传承。围绕"中华一脉、九州同梦"设计主题，突出黄帝文化、寻根文化，充分展示中原大地作为中华文明发源地的特点，并同期建设苑陵故城遗址公园，打造一届有历史文化底蕴的文化园博以及贴近百姓生活、可持续发展的百姓园博。

园博会除建成占地119hm²（1785亩）的园博园外，同时在其南部约5km处建成了占地165hm²（2475亩）的双鹤湖中央公园，在其西北部建成了占地128hm²（1920亩）的苑陵故城遗址公园。苑陵故城遗址公园是国家级文物保护单位，与园博园连为一体，呈绿色如意之状，古苑新园，古今对话，象征着华夏文明的传承与发展。三大园区各具特色、差异互补，展现了郑州园博会独一无二的区位与文化优势。

第十一届中国（郑州）国际园林博览会园博园

设计单位：中国建筑东北设计研究院有限公司（深圳）
　　　　　深圳市北林苑景观及建筑规划设计院有限公司
主创建筑师：王　冠
设计团队：支　宇　张　强　程珺珺　黄　伟　岑楚深
　　　　　曾祥新　何延治　姜　军　陶罗飞　朱宝峰
　　　　　董明东　王晓光　曲　杰　吕佳丽　姚　远
工程地点：河南省郑州市

设计时间：2015 年
竣工时间：2017 年 9 月
用地面积：1693.32m²
建筑面积：3589.04m²
建筑高度：11.9m

建筑创新点：

本工程为第十一届中国（郑州）国际园林博览会园博园儿童馆。儿童馆为参观者与儿童提供了体验趣味空间的可能，建筑流线设计运用坡道作为室内展厅与室外园区相连接的主要通道，使室内外衔接更为流畅，消解了内外空间的界限感。通过环形空间围合成的圆形庭院，为孩子们提供一处游乐玩耍的场所。

儿童馆外表皮利用莫比乌斯环的首尾相连的特征，形成内外连续的环形空间，如一条无限循环的彩带螺旋缠绕于建筑上，营造出独特的空间感受。外立面百叶采用 24 色渐变的手法寓意多姿多彩的童年时光，突出儿童的特征，充满童趣。

儿童馆幕墙运用参数化软件建模，而每 24 榀百叶赋予一个颜色，形成一个颜色段，通过结构与百叶的密切联系形成空间上的韵律感。

第十届江苏省园艺博览会扬州园设计

设计单位：深圳媚道风景园林与城市规划设计院有限公司、深圳原道都市风景园林规划研究所有限公司（何昉工作室）、深圳市和域城建筑设计有限公司

工程地点：江苏省扬州市

设计时间：2017年

用地面积：24175m²

主创设计师：何 昉 夏 媛 沈 悦 洪琳燕
卢 晓 刘 楠 杨 毅 段淑卉
秦 捷 李凯历等

扬州园场地位于室外核心展区园艺博览区，北依园区中心百花广场，东依京杭大运河，南依长江，与苏南各展园隔江相望。扬州园定名"月桥广陵"，在设计上除了注重古典园林的继承与发展外，也深度继承扬州唐风形象，追忆扬州唐风建筑与园林瑰宝，并结合现代园林造景手法，试图找到古唐广陵与现代扬州之间的契合点，同时展示扬州悠久的历史底蕴内涵和与时俱进的新扬州气度。

园内设江月、桥月、池月、山月四大景区，十大景点，以唐诗为引，以月为主线，重绘唐诗中的扬州景象。江月景区打造《春江花月夜》中春潮芳汀之景，设景点池花照影、花满芳甸；桥月景区打造"二十四桥明月夜"及"夹浪分堤万树余，为迎龙舸到江都"的桥影烟堤之景，包括景点玉桥风高、枰林芳径；池月景区打造"万古长空，朝风月"的涟月禅思之景，设景点凤凰月舞、倚栏砌香、唐招提影；山月景区打造"明月松间照，清泉石上流"的云瀑伍峰之景，设景点芳草环溪、晴峦飞瀑、竹阴山色。

宜昌城东公园

设计单位：中外建工程设计与顾问有限公司深圳分公司

设计师：
- 景观：徐金荣　黄少学　袁玉萍　林汉生　洪俊彬　吴卓艺　孔翠翠　李达奇等
- 建筑：徐金荣　刘洋　凌怡　陈成　陈帅　王博　刘良方等

项目地点：湖北省宜昌市

景观用地面积：44万 m^2

设计时间：2013～2014年

开发单位：宜昌市城市园林绿化管理局

获奖荣誉：
2015年全国人居经典建筑规划设计方案竞赛规划、环境双金奖

朗园

设计单位：中外建工程设计与顾问有限公司深圳分公司
设计团队：徐金荣　陈　平　严鹏飞　徐金贵　陈 洪等
项目地点：湖北黄梅县
用地面积：7646.71m²
建筑面积：2737.74m²

设计时间：2009～2011年
获奖荣誉：
　　2014年全国人居经典建筑规划设计方案竞赛建筑金奖

南宁市凤岭儿童公园

设计单位：深圳市市政设计研究院有限公司

获奖情况：深圳市优秀工程勘察设计评选一等奖

项目位于南宁市东面，是凤岭片区北侧核心区，总占地面积约 54.12 万 m²，投资约 1.6 个亿。项目营造集科普教育、游玩娱乐、益智健身等多种活动于一体的绿色乐园。2012 年 6 月，项目一期项目建成开园，迎接当地市民及小朋友们的入内游玩，受到一致好评，并成为广西壮族自治区的一张亮丽名片。

第十二届中国（南宁）国际园林博览会广西园设计

设计单位：深圳媚道风景园林与城市规划设计院有限公司
南宁市古今园林规划设计院

工程地点：广西壮族自治区南宁市

设计时间：2017年

用地面积：30000m²

主创设计师：孟兆祯　沈　悦　何　昉　夏　媛
　　　　　　　洪琳燕　黄瑞华　杨　毅　李凯历
　　　　　　　秦　捷　段淑卉等

设计构思：

此方案整体设计秉承尊重自然、因地制宜的理念，最大程度地保留原始地形和植被。并以广西自然山水骨架为蓝本，强化"山、水、林、田、湖"的生态特征，营造丰富的空间层次，同时，深入挖掘广西世居民族元素以及民族建筑形式，通过打造"石之境、溪之境、树之境、那之境、天之境"五境来塑造"八桂天境"般的景色，实现传承与创新的理念。

在景点设计上，采用了"立意问名"的方式，沿主要游线打造具有浓郁地方特色、富有诗情画意的12个文化景点，包括花山叠瀑、锦绣楼、对歌台、天琴小溪、风雨廊、五彩田、榕桂坊、天境池、天香榭、叠翠林、同乐坡，桂香亭，突出了广西自然山水特征和民族文化内涵。

吉安中心公园暨广场工程

设计单位：深圳市市政设计研究院有限公司

获奖情况：

2017年度全国优秀工程勘察设计园林和景观工程设计二等奖

2017年度广东省园林景观专项二等奖

第十七届深圳市优秀工程园林景观设计一等奖

工程基于吉安市未来的城南新区核区块，承载庆典集会、旅游观光、娱乐健身、文化宣传、科普教育和商业贸易等，以"足韵新城、鼎祚吉安"为主题，打造一个现代风格的吉安"新城市客厅"。项目于2012年7月竣工。

三亚市海棠湾南区公园

设计单位： 深圳市市政设计研究院有限公司

获奖情况：

2013年中国勘察设计协会园林景观优秀设计三等奖

2013年度广东省优秀工程设计二等奖

深圳市第十五届优秀工程风景园林设计一等奖

红树林生境再生典范——项目位于三亚海棠湾，距三亚市区28km，属于"国家海岸"的第一个人工开挖的水系工程。项目河道总长8km，工程总投资约1.9亿。项目充分利用"国家海岸"的自然、人文资源及政策优势，通过创新设计的生态断面、仿自然岸线及独具特色的人工滩涂、红树林，营造南国热带风情，提升海棠湾影响力、辐射力。工程竣工后景观效果良好，有效提升了海棠湾周边整体环境质量，为海棠湾国家海岸做出了积极的贡献，受到了三亚市及全国各地的好评。项目于2012年8月竣工。

东莞市港口大道工程

设计单位：深圳市市政设计研究院有限公司

建设时间：2006 年 9 月竣工

项目地点：广东省东莞市

项目规模：
远期为城市快速路，近期按城市主干道设计，设计车速 60km/h，全长 24.4km，双向 6 车道

项目投资：近期 8.7 亿元，远期 19.8 亿元

设计时间：2002 年 8 月～2005 年 6 月

工程南起虎门港沙田港区进港南路，终至万江区五环快速路，道路全长 24.4km，是联系虎门港与东莞市区的一条快速疏港干道。近期工程全线设置互通立交 2 座，跨河大桥 1 座。

在近期设计时，充分考虑近远期结合，预留远期改造为城市快速路的空间。

港口大道工程复杂、技术等级高、功能齐全、布局合理、设计理念先进，其中厚街水道大桥为我国首次采用分阶段施工合成的组合式预应力混凝土箱梁。

该项目 2015 年 9 月获得第 14 届全国优秀工程勘察设计银奖。

宁波市鄞州区现代有轨电车实验线一期工程

设计单位：深圳市市政设计研究院有限公司
项目地点：宁波市鄞州区
项目规模：全长约 8.1km
项目投资：111589 万元
设计时间：2013 ~ 2015 年

宁波市鄞州区现代有轨电车实验线一期工程，线路全长 8.2km，均为地面线。线路起自南大东路站，沿天童南路、鄞洲大道、宁南路敷设至宁南立交南站。全线设置 12 座车站、1 座车辆基地和 1 个控制中心。采用 100% 低地板现代客车，实现友好的乘坐环境。

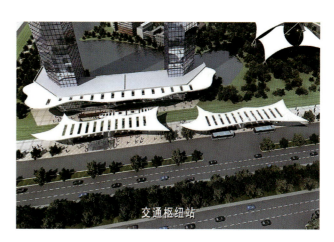
交通枢纽站

平潭综合实验区综合管廊专项规划（修编）

设计单位：深圳市市政设计研究院有限公司
　　　　　中兴工程顾问股份有限公司
项目地点：福建省平潭综合实验区
项目规模：规划干、支线综合管廊合计 130.5km
　　　　　（现状 25km）
设计时间：2016 年

设计说明：

平潭综合实验区全区陆域面积 392.92km²，至规划期末，平潭规划干、支线综合管廊合计 130.5km（现状 25km），其中干线综合管廊 71.92km（现状 15.38km），支线综合管廊 58.58km（现状 9.53km），规划电力隧道 27.58km（现状 17.4km），规划四处监控中心（1 处主控中心，3 处分控中心）。

规划结合平潭城市发展战略，因地制宜打造科学、先进、适宜、安全的综合管廊体系，优化和集约利用地下空间资源，改善城市现状市政基础设施，促进城市可持续发展的目的。

伊朗德黑兰北部高速 BR-06 大桥

设计单位：深圳市市政设计研究院有限公司
建设时间：2016 年 12 月施工合龙
项目地点：伊朗德黑兰
项目规模：桥梁全长 319m，其中主跨 153m，左右分幅，桥面宽 2×13.1m，双向 4 车道
项目投资：0.93 亿
设计时间：2010 年 2 月～2011 年 2 月

BR-06 大桥是德黑兰北部高速一期的重要控制性工程，位于德黑兰北部山区，跨越桑干河谷，桥址处位于 9 度地震区。

桥梁跨径布置为（83+153+83）m，上下行错台分幅布置，上部结构为波形钢腹板预应力混凝土箱形连续梁，下部结构采用混凝土箱型薄壁墩、扩大基础和群桩基础。

桥梁整体造型轻盈、色彩靓丽、技术先进，已成为德黑兰市主要桥梁景观，伊朗领导人多次参观建设过程，已成为宣传中国桥梁技术的平台。大桥的设计得到伊朗政府和国际咨询公司专家高度评价与认可，提高了我国这一类型组合桥梁的技术水平，引领了桥梁减隔震设计的发展方向，对我国桥梁结构技术在"一带一路"战略下走出国门具有重要示范意义。

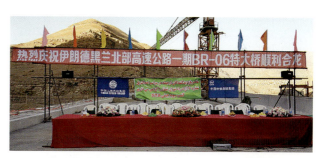

瑞山度假精品酒店

设计单位：深圳大地创想建筑景观规划有限公司
主创团队：袁俊峰　陈君文　熊发林　高若飞
　　　　　赵新周　卢建晖　张忠伟
工程地点：广东省梅州市瑞山
设计时间：2016年
建设状况：建设中
用地面积：700hm²
建筑面积：39288m²

造化钟神秀，阴阳割昏晓。瑞山度假精品酒店依山就势，顺势而为。设计充分考虑到原始山地地貌的现状条件，在旅游服务的功能性提高的同时减少自然的消耗，充分结合现实的地形条件，一方面与场地自然形态充分融通交汇，将现有的景观生态资源优势最大化发挥，另一方面将客家文化与时代审美格调结合，形成一个既有客家建筑文化内涵，又体现现代时尚建筑风格的全新酒店服务综合体。

第 8 章 外地建筑项目 **307**

阳江市海韵戴斯酒店

设计单位：建学建筑与工程设计有限公司

设计范围：建筑设计、景观设计

设计团队：

  项目负责人：于天赤

  设计人员：蔡 龙 刘春芬 陈 哲 陈俊彦 陆 鑫

开发单位：阳江市海韵房地产开发公司

项目地址：广东省阳江市海陵岛十里银滩

用地面积：50364m²

建筑面积：60856m²

建筑高度：35.9m

建筑层数：地上 7F；地下 3F

设计 / 竣工年份：2009 年 /2012 年

总平面图

工程概况及特点

海韵戴斯酒店选址于广东省阳江市海陵岛十里银滩，地块西靠大山，东临南海，北面与广东省海上丝绸之路博物馆相望。项目为地上7层，地下3层，共设有353间客房的5星级标准的酒店。

项目用地西高东低，同时受到博物馆建筑控制线的限制，仅有一块三角形用地可做酒店建设。鉴于博物馆的文化价值与地标位置，在项目设计中提出"配角建筑"的设计理念。在设计上以双"S"形布置酒店客房，以求得最多的观海客房；注重自然的采光、通风设计，大大降低了酒店的能耗；平实低调的建筑形象，仿佛一条流淌的小溪，成为博物馆最佳的"背景"。

西双版纳勐仑安纳塔拉度假酒店

设计单位：中外建工程设计与顾问有限公司深圳分公司
设计师：（建筑）徐金荣　赵　星　巴　勇　孙　芳
　　　　　黄静杰　黄　海　程　翔　李　旅等
项目地点：西双版纳勐腊县
用地面积：10.36 万 m²
建筑面积：2.77 万 m²
客 房 数：豪华客房 80 间、泳池别墅 25 套
设计时间：2009～2011 年

获奖荣誉：

　　2017 年香港建筑师学会海峡两岸与香港、澳门建筑设计"卓越奖"

　　2015 年英国剑桥公爵威廉王子携偕访华的主要英方工作团队莅临西双版纳勐仑安纳塔拉度假酒店

2015 年世界华人建筑创作奖

2015 年广东省优秀工程勘察设计评选（公共建筑）三等奖

2014 年深圳市第十六届优秀工程勘察设计评选（公共建筑）一等奖

2013 年时代楼盘第八届金盘奖年度最佳度假型酒店

2012 年全国人居经典建筑规划设计方案竞赛规划、建筑双金奖

2012 年入选中国最值得期待新开业酒店

2011 年入选年度中国酒店百强

第 8 章 外地建筑项目　311

西双版纳云投喜来登度假酒店

设计单位： 中外建工程设计与顾问有限公司深圳分公司

设 计 师： 徐金荣　赵　星　巴　勇　孙　芳　程　翔
　　　　　　胡均俊等

项目地点： 西双版纳景洪市嘎洒镇

用地面积： 10.79万 m²

建筑面积： 7.55万 m²

客 房 数： 326间

设计时间： 2010 ~ 2011年

开发单位： 云南省旅游投资有限公司

获奖荣誉：

　　2016年第二届深圳建筑创作奖（已建）三等奖

　　2015年时代楼盘第九届金盘奖年度最佳度假酒店

　　时代楼盘第九届金盘奖年度最佳网络人气奖

　　2014年全国人居经典建筑规划设计方案竞赛建筑金奖

　　2014年最佳新开酒店奖（《旅游休闲》杂志·2014年度旅游大奖）

　　极居中国——年度最值得期待酒店奖（《ACROSS穿越》杂志）

龙沐湾国际旅游度假区八爪鱼酒店

设计单位：香港华艺设计顾问（深圳）有限公司
工程地点：海南省乐东黎族自治县
设计时间：2012 年
建筑面积：268000m²

鱼酒店用地位于龙沐湾一期滨海区，北临高尔夫球场，南临渔人码头。

海南岛原始森林、山顶湖泊等自然资源保存完好，少数民族的风情与当地土著文化的魅力，给龙沐湾蒙上了一层迷人的面纱，黎族元素的挖掘必将是龙沐湾旅游开发的点睛之笔。

"上天入海"历来是人类对自然向往的极限体验。本酒店的梦幻组合将"上天入海"变得触手可及。外港码头亦可成为各类海上旅游路线的中转站，提供出海活动。

八爪鱼超五星级酒店塔楼的首席高度优势，君临天下，登高而望远，360°全景豪华体验将整个龙沐湾七km开发片区、尖峰岭雪山、高尔夫球场尽收眼底。

工程设计为超五星级酒店，总建筑面积26.8万m²，层数地上17层，地下2层，客房9层，总建筑高度85.7m。客房数目为1000间，拟由美国凯撒皇宫酒店管理公司经营管理。功能包括客房、餐饮、商业、宴会、剧院、码头等。拟打造成世界顶尖级酒店，成为地标性建筑。

七仙岭希尔顿逸林度假酒店

设计单位：中外建工程设计与顾问有限公司深圳分公司
用地面积：10.49 万 m^2
建筑面积：5.5 万 m^2
客房数：酒店主楼客房 253 间，别墅 153 套
项目地址：海南省保亭县，设计时间：2011～2013 年
开发单位：海南金凤凰度假酒店有限公司
设计师：（建筑）徐金荣　陈　帅　张振华　李美芬等
　　　　（景观）徐金荣　黄少学　洪俊斌　程军妮等
景观设计：深圳市易道泛亚园林设计有限公司
　　　　　中外建工程设计与顾问有限公司深圳分公司
获奖荣誉：
2012 年　全国人居经典建筑规划设计方案竞赛建筑、环境双金奖
2015 年　第十届金盘华南赛区年度最佳网络人气奖

三亚亚龙湾瑞吉度假酒店

设计单位：筑博设计股份有限公司
合作单位：BBG-BBGM 建筑事务所
设计团队：

孙慧玲	马镇炎	槐雅丽	孙立军	高晶晶
刘建红	王宏亮	郭云明	刘 翰	王良军
赖圣启	蔡锦晨	李 强	黄曙光	韦 炜
汤凯峰	吴振起	丁余作	黄国伟	陈志谋
张月波	王延枝	范 宇	朱 旭	张民主
潘少华	张静波	马艳龙	谢晓燕	李星星
朱天宇	周祖寿	任志强	汪 清	谭 婧
肖志敏	张焕辉	杨 云	董正宝	梁福集

项目地点：海南省三亚市

竣工时间：2012 年
用地面积：204032m²
建筑面积：90708m²

奖项荣誉：
首届深圳市房屋建筑工程优秀施工图评选项目奖铜奖
2013 年海峡两岸和香港、澳门建筑设计大奖提名奖
2013 年度广东省优秀工程勘察设计奖公共建筑一等奖
2013 年度全国工程建设项目优秀设计成果二等奖

项目位于通达亚龙湾所有海滨度假景区的沿海公路的尽头，面对1km长的私人海滩和中国南海，设置了游艇码头，以水陆两条路径通往酒店。酒店是项目的主体，也是本地块的首要着重点。它的主楼和套房别墅正对大海，可以获得最佳海景。私人别墅通过一条专用的私人通道进入，与酒店区之间以人工河分开，与酒店相隔离，私人别墅被赋予美丽的山水景观虽然私密却也可以享用酒店的公共设施。

典雅独特的建筑风格灵感来自于"龙腾大海"这一鲜明的主题——具有代表目前中国的时代意义又升华于中国传统文化根基。高低起伏、富有动感的屋顶力图体现向上腾升的感受。同时水元素贯穿于项目之中，充分体现了"龙腾大海""龙旋雨沛"的感受。

三亚三美湾珺唐酒店

设计单位：香港华艺设计顾问（深圳）有限公司
项目地点：海南省三亚市
设计时间：2011年
竣工时间：2012年
用地面积：31800m²
建筑面积：14287m²

三亚三美湾珺唐酒店是集高标准客房、餐饮娱乐、休闲度假为一体，具备企业研修培训与国际会议功能的综合性建筑。

项目用地位于海南省三亚市三美湾，一面临海，三面环山。总用地3.18万m²，总建筑面积1.54万m²，主体建筑4~5层。折线型的动感建筑形态得到了多角度的海景视野；木格栅的建筑表皮起到了遮阳节能的效果。

编后记

40年春风化雨，40年众志成城，40年砥砺前行。在中国共产党的坚强领导下，深圳从一个默默无闻的边陲小镇发展为具有强大竞争力的国际化创新型大都市。深圳的崛起，用铁一般的事实昭示了中国共产党人的伟大觉醒，印证了改革开放是坚持和发展中国特色社会主义的必由之路。

一座城市高度浓缩一个时代精华，而建筑则是城市发展的里程碑，是历史的博物馆。建筑设计是城市建设的先行者，哪里有建设，哪里就需要建筑设计。一批批的创业者，为改革开放事业奉献了青春和热血。深圳城市面貌翻天覆地变化，从当初小镇里最高楼仅有3层，到如今超过100m以上摩天大楼已有近1000栋，道路里程超过6000km，地铁通车里程297km，拥有近千座公园，被誉为"公园之城"。而这些令人赞叹的建设成就，许多都出自我们深圳设计师之手。

40年岁月峥嵘，风险与成功相伴，坎坷与荣光相随，有一种力量贯穿深圳城市发展的始终，这就是接力攀登、永不言弃、勇创一流的创新精神。创新，正是深圳建筑设计之魂！

追昔抚今，继往开来。今天我们编撰《改革开放40年深圳建设成就巡礼系列丛书》（包括建设成果篇、城市设计篇、杰出人物篇），就是要铭记创业者的功勋，传承深圳改革创新的精神，激励大家满怀热情地投入到新一轮改革创新中去。

《改革开放40年深圳建设成就巡礼系列丛书》的编撰工作始于2018年2月，历经组建队伍、拟订篇目、搜集资料、编写大纲、撰写初稿、总撰合成、评审修改几个阶段，数易其稿，不断总结，逐步提高。

在《改革开放40年深圳建设成就巡礼系列丛书》中，以设计理念的创新为主线，概括论述和提升深圳各个时期设计的理论和风格。以工程实例为主体，实事求是地记述了在不同的历史时期所完成的建筑工程设计任务，反映了各个时期的设计标准、规模、技术水平和随着时代步伐及科学技术进步而发展的轨迹。本系列丛书主要反映了深圳建筑设计行业技术人员为深圳市和外地所做出的主要业绩，也部分地包含了外地和国外设计机构在深圳市合作完成的若干代表作品。

《改革开放40年深圳建设成就巡礼系列丛书》涉及建筑、市政、园林等专业，有为深圳建设作出杰出贡献的工程师、专家、学者。资料浩瀚，专业性强，编撰有很大难度。为此，编撰委员会组织了全市主要设计单位的领导、专家、工程技术人员百余人参与此项工作。深圳市住房和建设局、深圳市科学技术协会、深圳市福田企业发展服务中心对编撰全过程予以指导。我们还特邀请了华南理工大学建筑设计研究院、广东省建筑设计研究院参加编审工作。各章总论、工程实例等由深圳市22家参编单位所派出的总工程师执笔编撰。

通过查阅文献、档案、典籍，摘录有关史料，搜集汇编数十万字的文字资料，大量图纸、照片，《改革开放40年深圳建设成就巡礼系列丛书》的编撰有了丰实的资料基础。

为了编撰好《改革开放40年深圳建设成就巡礼系列丛书》，各参编单位以编撰工作为己任，在人力、物力、财力上大力支持。各篇章编撰人员呕心沥血，辛勤耕耘，终于完成书稿。书稿的撰成，凝聚了众人的智慧和汗水。在此，我谨向为本专辑作出贡献的建筑设计单位和个人，致以真挚的谢意。

在《改革开放40年深圳建设成就巡礼系列丛书》编撰和审改期间，得到许多顾问、专家，各院总建筑师、总工程师的热情帮助、悉心指导，在此一并表示衷心感谢。

虽然我们殚精竭虑，谨慎其事，但由于缺乏经验，水平有限，疏漏错讹之处在所难免，恳望读者批评指正。

张一莉

2018年8月18日于深圳

图书在版编目（CIP）数据

改革开放40年深圳建设成就巡礼. 城市设计篇/张一莉主编. —北京：中国建筑工业出版社，2018.8
ISBN 978-7-112-22625-2

Ⅰ.①改… Ⅱ.①张… Ⅲ.①社会主义建设成就－深圳②城市规划－建筑设计－成就－深圳 Ⅳ.①D619.653②TU984.265.3

中国版本图书馆CIP数据核字（2018）第200155号

责任编辑：费海玲　张幼平
责任校对：刘梦然

改革开放40年深圳建设成就巡礼——城市设计篇
主编　张一莉
*
中国建筑工业出版社出版、发行（北京海淀三里河路9号）
各地新华书店、建筑书店经销
北京方舟正佳图文设计有限公司制版
广州市一丰印刷有限公司印刷
*
开本：880×1230毫米　1/16　印张：20¼　字数：406千字
2018年9月第一版　　2018年9月第一次印刷
定价：208.00元
ISBN 978-7-112-22625-2
　　（32742）

版权所有　翻印必究
如有印装质量问题，可寄本社退换
（邮政编码 100037）